Praxis des Säure-Basen-Haushaltes

Grundlagen und Therapie

Von Dr. med. Michael Worlitschek

Mit 7 Abbildungen und 4 Tabellen

2., erweiterte Auflage

HAUG

Karl F. Haug Verlag · Heidelberg

Die Deutsche Bibliothek – CIP-Einheitsaufnahme

Worlitschek, Michael:
Praxis des Säure-Basen-Haushaltes: Grundlagen und Therapie; mit 4 Tabellen/von Michael Worlitschek. – 2., erw. Aufl. – Heidelberg: Haug, 1993
(Erfahrungsheilkunde, Naturheilverfahren)
ISBN 3-7760-1380-X

Titel-Nr. 2380 · ISBN 3-7760-1380-X

Gesamtherstellung: Progressdruck GmbH, 67346 Speyer

Für Ute,
für ihre Liebe
und
ihre große Geduld

Inhalt

Geleitwort

Mit Freude habe ich dem Wunsch des Verfassers nach einem Geleitwort entsprochen, stellt doch seine vorliegende Arbeit Komplementärmedizin in bestem Sinne des Wortes dar. Es ist praktische Erfahrungsheilkunde aus dem noch lange nicht genügend erforschten Gebiet des Säure-Basen-Haushaltes, entstanden durch Beobachtungen, Erfahrungen und Messungen an Hunderten von Patienten einer großen Landarztpraxis. Zwar ist die immense Bedeutung des Säure-Basen-Gleichgewichtes für die menschliche Gesundheit dem Intensivmediziner wohlvertraut, aber außerhalb der Intensivmedizin findet sie wenig oder keine Beachtung. Dies ist um so erstaunlicher, als die bahnbrechenden Erkenntnisse des großen Säure-Basen-Forschers Friedrich *Sander,* der Arzt und Chemiker war, schon 1953 veröffentlicht worden sind [1]. Diese haben eine Serie von Fehlvorstellungen über das Säure-Basen-Geschehen korrigiert und das Tor zu völlig neuen diagnostisch-therapeutischen Möglichkeiten eröffnet. Abgesehen von seelisch-geistigen Vorgängen hängen Gesundheit und Krankheit des Menschen von chemisch-physikalischen Regulationsmechanismen ab, bei denen der Säure-Basen-Haushalt eine zentrale Stelle einnimmt. Er ist an allen körperlichen Funktionsabläufen maßgeblich beteiligt und zeigt bei pathologischen Vorgängen meßbare Veränderungen. So sieht man bei einem hohen Prozentsatz aller akuten Prozesse und aller Risikofaktoren sowie außerdem bei der Mehrzahl aller chronischen Zivilisationsleiden, insbesondere bei chronisch-degenerativen Leiden, eine Verschiebung der Stoffwechsellage in die latente oder manifeste Azidose *(Sander).* Und es ist verständlich, daß sich die Erfolgschancen einer Therapie um so mehr vergrößern, je besser es gelingt, neben anderen notwendigen Maßnahmen eine Entsäuerung zu erzielen.

Um sich über die Säure-Basen-Situation ein zutreffendes Bild zu verschaffen, genügt es aber nicht, nur den ph-Wert des Blutes zu kontrollieren. Dieser bleibt ja ohnehin, wenn nicht besonders schwere Prozesse vorliegen, ziemlich konstant um 7,4. Mit Recht betont *B. Kern* [2], daß bei durchaus normalem Blut-pH eine schwere örtliche Gewebeazidose bestehen kann, wobei die Azidose oft auf einen engen Bereich beschränkt ist. Dies kann zum Beispiel beim Linksmyokard eintreten, wenn der Muskel durch Sauerstoffmangel (Überforderung, Nikotin, toxisch usw.) länger auf

[1] *Sander, F.:* Der Säure-Basen-Haushalt des menschlichen Organismus. Hippokrates-Verlag. Stuttgart.

den anaeroben Ersatzchemismus umschalten muß und es dadurch zum Säureschmerz (Stenokardie) oder zur Säurekatastrophe mit Nekrotisierung (Infarkt) kommt oder im Hirn zum Apoplex.

Während *Sander* und später *Glaesel* [3] sich ein Bild über die Säure -Basen-Situation des Organismus durch spezielle Harnuntersuchungen verschaffen, richtet sich *Worlitschek* nach dem Meßsystem von *Jörgensen,* bei dem es vor allem auf die Vollblutpufferkapazität, weiterhin auf die Plasma- und die intrazelluläre Pufferkapazität ankommt. Dabei gelangt *Worlitschek* zu ähnlichen therapeutischen Konsequenzen wie vor ihm schon *Kern,* der zu der grundsätzlichen Aussage gelangte: „Es gibt im menschlichen Organismus kaum ein Organ, Gewebe oder Funktionselement, das nicht durch Azidose gestört oder geschädigt würde, das dann nicht auch durch Entsäuern wieder gebessert würde."

Sowohl bei der Diagnostik der Säurebelastung wie bei der Therapie zur Entsäuerung weist *M. Worlitschek* wiederholt auf die diagnostisch-therapeutische Methode von *F. X. Mayr* hin. Dies finde ich besonders begrüßenswert, da sich auch nach meinen eigenen 40jährigen einschlägigen Erfahrungen in der Behandlung der durch Verschlackung und Übersäuerung verursachten akuten und chronischen Krankheits- und Degenerationsprozesse die folgende Reihenfolge an Maßnahmen außerordentlich bewährt hat: [4]

1. Jede Intensivdiät (am wirkungsvollsten Fasten- oder Milchdiät nach *Mayr),* da sie grundlegend entlastend, entschlackend, entsäuernd wirkt.
2. Vermeiden der von *Mayr* so bezeichneten „Kardinalfehler der Ernährungsweise" (*Worlitschek* beschreibt sie näher).
3. Umstellen der Ernährungsweise, Bevorzugung der basenbildenden und Einschränkung der säurebildenden Kost.
4. Mehr Bewegung an frischer Luft, d. h. mehr Kohlensäureausatmung über die Lungen als wichtiger Regulationsfaktor des Säure-Basen-Gleichgewichtes.
5. Entsäuerung über die Haut durch Wasseranwendungen, Trockenbürsten, Schwitzen usw.
6. Bewußte positive Lebenseinstellung. (Negative Autosuggestionen, Kränkungen, „saure" Gedanken machen den Menschen und seinen Stoffwechsel sauer!)

---

[2] *Kern, B.:* Allgemeine Bedeutung zum Sanum-Therapie-Seminar. Hannover 1986.
[3] *Glaesel, K. O.:* Gesundheit biologisch gesteuert. Labor *Glaesel.* Konstanz.
[4] *Rauch, E.:* Die F. X. MAYR-Kur und danach gesünder leben. Karl F. Haug Verlag. Heidelberg 1991.

7. Gezielte ärztlich kontrollierte Basentherapie, wie sie in diesem Buche ausführlich dargestellt wird.

In der Überzeugung, daß die nachstehenden Darstellungen eine Fülle wertvoller Anregungen und Impulse vermitteln, die sich auch auf das ärztliche Handeln segensreich auswirken können, wünsche ich diesem Buche eine besonders weite Verbreitung und dem Verfasser und seinen möglichst zahlreichen Lesern ein gutes Gelingen.

Maria Wörth-Dellach, August 1990 Medizinalrat Dr. *E. Rauch*

Vorwort

Im Jahre 1981 fand ich zur Ozontherapie und besuchte erstmals die Medizinische Woche in Baden-Baden, die zu einem wichtigen Dreh- und Angelpunkt in meinem Berufsleben werden sollte. Ausgehend von Neural- und Ozontherapie ergaben sich viele Erfahrungen.

Ein Meilenstein in meiner beruflichen Entwicklung war die Begegnung mit *Karl Empfenzeder* im Jahre 1983 in Baden-Baden. Er war noch Schüler von *F. X. Mayr* gewesen und führte mich behutsam in dessen Lehren ein. Es entstand ein intensiver Gedankenaustausch, der bis zu seinem Tod im Jahre 1989 währte.

Der Ausbildungskurs in Diagnostik und Therapie nach *F. X. Mayr* im Frühjahr 1984 unter der Leitung von Dr. *Rauch* gab die ersten Impulse im Verständnis des Säure-Basen-Haushalts aus biologischer Sicht.

Dies war für mich ein weiteres Schlüsselerlebnis im medizinischen Werdegang. Die Veränderungen im Säure-Basen-Geschehen, ausgelöst durch *Mayr*-Kuren oder Ernährung, ließen mich nicht mehr los. Auf der Tagung der Gesellschaft der *Mayr*-Ärzte 1985 in Baden-Baden referierte ich erstmals über die „Parenterale Basenzufuhr bei Übersäuerungszuständen während und außerhalb von *Mayr*-Kuren“.

Das Finden einer einfachen titrometrischen Meßtechnik war ein weiterer Stein im Mosaik. Fasziniert von Meßergebnissen, die eine enorme Kinetik im Säure-Basen-Geschehen erkennen ließen, habe ich erstmals ein Seminar auf der Medizinischen Woche 1988 angeboten. Das zweite Seminar 1989 war — wie das erste — sehr gut besucht. Es fehlte jedoch eine „frische“ Zusammenstellung über den Säure-Basen-Haushalt. Diese Schrift soll einen Versuch dahingehend darstellen. Ich bin deshalb für alle kritischen Stellungnahmen und Anregungen dankbar.

Besonderer Dank gebührt dem Karl F. Haug Verlag für das Aufgreifen dieser Thematik und sein großes Verständnis für gewisse Zeitprobleme.

Recht herzlich danken möchte ich Herrn Dr. *Rauch* für seine kritischen Anmerkungen und die Durchsicht des Manuskripts.

F. X. Mayr hat sein Buch „Die verhängnisvollste Frage“ ein Lesebuch für jedermann genannt. Diesen Beinamen möchte ich auch diesem Buch geben.

Einleitung

Die PASSAUER NEUE PRESSE berichtete am 29. September 1989:
„Saurer Regen — wieder alarmierende Ergebnisse."

Im Wasser der großen Ohe war der pH-Wert von der relativ neutralen Zahl von 6,6 auf 5,4 abgesunken. Bei pH-Zahlen unter 5 beginnt das Fischsterben.

Im Regen selbst konnte auf einer Meereshöhe von 800 Metern ein pH-Wert von 3,4 gemessen werden.

Dazu ist zu vermerken, daß natürliches Regenwasser einen pH-Wert von 5,5 hat, der durchschnittliche pH-Wert des Regens hat jedoch schon den Wert von 4,0 erreicht. Da der pH-Wert eine logarithmische Funktion ist, ist das Regenwasser mit einem pH-Wert von 3,5 100fach stärker saurer als „natürliches Regenwasser" mit einem pH-Wert von 5,5.

Zur Neutralisation dieses sauren Regens werden dem Boden Mineralstoffe entzogen, es kommt langsam zur Auslaugung der Ackerböden, und die darauf angebauten Gemüse und Früchte nehmen an Mineralstoffgehalt ab.

Nicht umsonst spricht also die ganze Welt von der zunehmenden Übersäuerung, und diese hat eben auch vor dem Menschen nicht Halt gemacht.

Schon lange ist in der Anästhesie und Notfallmedizin die Beachtung des Säure-Basen-Haushalts medizinischer Standard. Aber sobald der Patient die Intensivstation, und erst recht das Krankenhaus verlassen hat, scheint er bedeutungslos geworden zu sein.

Warum eigentlich? Besteht die Annahme, daß außerhalb eines Krankenhauses die Welt im Lot steht? Und gerade in der Alltagspraxis zeigen sich die immer schwerer werdenden Veränderungen. In dieser Schrift wird hauptsächlich von der Übersäuerung die Rede sein, da der Gegenspieler, die Alkalose, im täglichen Leben keine Rolle spielt.

Ein *Beispiel* soll demonstrieren, welche dramatische Entwicklung ein nicht beachteter Säure-Basen-Haushalt auslösen kann.
Ein männlicher Patient wird mit dekompensierter Leberzirrhose ins Krankenhaus eingeliefert. Ausschwemmung in üblicher Weise, es kommen Fieberschübe hinzu, nur zögerlich ist eine Rekompensation zu erzielen. Im Entlassungsbrief hieß es: „Es verschlechterte sich der Zustand des Patienten innerhalb kürzester Zeit auf bedrohliche Art und Weise: Der Patient war bewußtlos, kein meßbarer Blutdruck, Puls sehr schwach. Nach Gabe von Medikamenten und durch den Säureausgleich (es bestand ein negativer Basenüberschuß von -12,8) besserte sich der Zustand des Patienten sehr

rasch, er war wieder ansprechbar, der Blutdruck wieder im unteren Normbereich. Der Patient konnte nach 2 Tagen wieder auf die Normalstation verlegt werden, wobei die Ursache dieses Kreislaufkollapses unklar ist. Der weitere Verlauf gestaltete sich komplikationslos."

Dieses Beispiel ist bestimmt kein Einzelfall. Viele kardiologischen Notfälle sind aus einer Übersäuerung zu erklären, und wären leichter zu therapieren, ja sogar vermeidbar, wenn die Bedeutung des Säure-Basen-Haushalts im medizinischen Alltag allgemein erkannt werden würde.

Auch in großen Lehrbüchern der inneren Medizin beschränkt sich die Darstellung des Säure-Basen-Haushalts auf wenige Seiten. So ist das Standardlehrbuch des Säure-Basen-Haushalts sicher das Buch nach *F. Sander*, das lange vergriffen war und im Hippokrates-Verlag 1985 in 2. Auflage erschien. *Sander* hat seine Aussagen auf der Basis von Urinmessungen gemacht. In der vorliegenden Schrift wird eine Blutuntersuchung mit einer einfachen titrometrischen Methode dargestellt und der Bezug zu akuten und chronischen Erkrankungen diskutiert. Aufgrund der Messungen müssen auch bis dahin feststehende Aussagen revidiert werden.

Diese Arbeit soll ein Brückenschlag zwischen der „klassischen Medizin" und der Naturheilkunde sein. Sie soll eine Hilfestellung bei Krankheiten geben, bei denen im üblichen Sinne eine Therapiegrenze erreicht ist.

Die Darstellung ist geprägt durch die Erfahrungen als *Mayr*-Arzt. Wer einmal die geniale Zusammenschau zwischen dem Organ Darm und dem Gesamtorganismus nach *Mayr* wahrgenommen hat, dem werden die tiefgreifenden Zusammenhänge im Säure-Basen-Haushalt klar vor Augen stehen.

Zugeführte Nahrung hat eben nicht bei jedem Menschen die gleiche Funktion, weil bei jedem Menschen die Verdauungskraft eine andere ist, von Tag zu Tag, von Stunde zu Stunde sich auch ändern und der begonnene biochemische Verdauungsprozeß dann in ganz andere Bahnen gelenkt werden kann.

So können langfristig schwere Krankheiten vermieden werden, und wenn sie schon aufgetreten sind, so kann der weitere Verlauf lebensaktiver gestaltet werden. Erfahrungsgemäß wird sich die Lebensqualität in einem hohen Prozentsatz anheben lassen.

Dieses Buch soll *aus der Praxis — für die Praxis* sein.

Theoretische Grundlagen

1. Chemische Grundbegriffe

Zur Darstellung des Säuregrades dient die pH-Skala von 0—14:

0	1	2	3	4	5	6	7	8	9	10	11	12	13	14
sauer							*neutral*							*basisch*

Das biologische Gleichgewicht im Blut und in den meisten Körpergeweben liegt idealerweise bei pH 7,4.

Reines Wasser enthält zum Beispiel gleich viel Säure- und Basenelemente, die Säureelemente werden verkörpert durch die H^+-Ionen, die Basenelemente durch die OH-Ionen. Dadurch liegt ein ausgeglichener Zustand vor, das Wasser ist neutral.

Vereinfachte Darstellung von Säuren: Säuren sind chemische Verbindungen, die sauer reagieren und Wasserstoff enthalten.

Vereinfachte Darstellung von Basen: Basen sind chemische Verbindungen, die basisch reagieren und eine Hydroxylgruppe (OH-Gruppe) enthalten.

Der pH-Wert des Blutes kann im Extremfall zwischen 7,3 und 7,8 schwanken.

Entscheidend dabei aber ist die *Pufferkapazität im Organismus.* Gäbe es diese nicht, so würde jede säurehaltige Speise den pH-Wert drastisch verändern.

Für weitere biochemische Einzelheiten soll auf entsprechende Lehrbücher verwiesen werden [7, 17, 35, 47].

Die Abbildungen 1 und 2 auf Seite 18 zeigen die wichtigsten Säuren und Basen auf.

2. Meßmöglichkeiten in Praxis und Klinik

Der Biochemiker *Sander* [38] gilt als Pionier in der praktischen Betrachtung des Säure-Basen-Haushalts. Es ist ihm in langjähriger Beobachtung gelungen, aus Urinmessungen eine Meßmethodik zu entwickeln, die Rückschlüsse auf den Gewebezustand zuläßt. Aus heutiger Sicht besonders zu betonen ist, daß er die Abhängigkeit der Gewebeazidität von der zugeführten Nahrung und der Ernährungsweise entdeckt hat. Die Meßmethodik ist exakt, jedoch nicht in jedem Labor durchzuführen.

Glaesel [6] hat diese Urin-Meßmethode verändert, sie hat sich aber wegen des Aufwandes an Zeit und Gerät nicht durchsetzen können.

Abb. 1: Säuren

Formel	*Bezeichnung*
ANORGANISCHE SÄUREN	
H_2SO_4	Schwefelsäure
H_2SO_3	schweflige Säure
HNO_3	Salpetersäure
H_2CO_3	Kohlensäure
H_3PO_4	Phosphorsäure
H_2SiO_3	Kieselsäure
Wasserstoffsäuren	
HCI	Salzsäure (Chlorwasserstoff)
HF	Flußsäure
ORGANISCHE SÄUREN	
CH_3COOH	Essigsäure
$CH_3 \cdot CHOH \cdot COOH$	Milchsäure
$C_6H_8O_7$	Zitronensäure
HCCOOH	Ameisensäure
$C_4H_6O_5$	Apfelsäure

Abb. 2: Basen

Formel	*Bezeichnung*	*Bezeichnung der wäßrigen Lösung*
Basen der Alkalimetalle		
NaOH	Natriumhydroxyd oder Ätznatron	Natronlauge
KOH	Kaliumhydroxyd oder Ätzkali	Kalilauge
Basen der Erdalkalimetalle		
$Ca(OH)_2$	Kalziumhydroxyd oder Ätzkalk	Kalziumlauge, Kalkwasser oder Kalklauge
$Mg(OH)_2$	Magnesiumhydroxyd	fast unlöslich in Wasser
$Ba(OH)_2$	Bariumhydroxyd	Barytwasser
Base des Ammoniums		
$(NH_4)OH$	Ammoniumhydroxyd	Ammoniumlauge Ammonlauge oder Salmiakgeist

Ebenfalls einen hohen apparativen Aufwand erfordert die dreidimensionale Messung von pH, Redoxpotential und Widerstandswert in den Medien Blut, Urin und Speichel-Methode nach *Vincent* [3]. Diese Messungen ergeben jedoch *keinen* verwertbaren Säure-Basen-Status.

Bei den klinischen Messungen mit Automaten werden einige Werte ermittelt (wie pH-Wert, Sauerstoffgehalt und Kohlensäuregehalt des Blutes, und rechnerisch der Basenmangel). Zu einer weitergehenden Beurteilung fehlt jedoch die Messung der Pufferkapazität. Dadurch kommt es nicht zu einem abgerundeten Bild, sondern nur zu einer einseitigen Beurteilung, was später noch zu erläutern sein wird.

Jörgensen hat in der Zeitschrift Erfahrungsheilkunde 5 (1985) ein praxisnahes Meßverfahren zur Bestimmung der Pufferkapazität dargestellt [8]. Dieses Verfahren ist denkbar einfach, aber von entscheidender Aussagekraft.

Die hier dargestellten Erfahrungsberichte basieren auf Ergebnissen dieses Meßverfahrens.

3. Kennzeichen der Humoraldiagnostik

Die Messung im Blut, im Urin und im Speichel ermöglicht nur Momentaufnahmen des Stoffwechselgeschehens. Hier zeigt sich die enorm große Kinetik des Säure-Basen-Haushalts — die Meßwerte im Blut als Indikator für den Energiestrom im Körper, im Urin als Ausscheidungsfunktion, und die Speichelwerte als Darstellung des Saftstroms.

Was jedoch im Bindegewebe geschieht, läßt sich meßtechnisch nur sehr schwer darstellen. Aber wir haben ja auch eine Diagnostik ohne Apparate, eine Möglichkeit, die jedem Arzt sofort in Form seiner 5 Sinne zur Verfügung steht.

Rauch hat in dem Buch Diagnostik nach *F. X. Mayr* [32] 10 Kriterien herausgestellt, die für diese entscheidend sind und eine wesentliche Interpretationshilfe für die Diagnostik im Säure-Basen-Haushalt darstellen. Dabei können Veränderungen direkt diagnostiziert werden, oder aber es kann indirekt erahnt werden, was bereits im bindegeweblichen Bereich abgelagert wurde, um im fließenden Blut ein relatives Gleichgewicht aufrechterhalten zu können.

Bei der Behandlung von Hauterkrankungen bestätigt sich immer wieder die alte Erfahrung: „Die Haut ist der Spiegel des Blutes oder, anders ausgedrückt, des Funktionszustandes der inneren Organe“! Dies bedeutet, daß in den meisten Fällen erst eine kausale Behandlung des Gesamtorganismus zu einer Heilung seiner Hauterkrankung führen wird.

Im folgenden werden, in Anlehnung an *Rauch*, die Kennzeichen dargestellt.

1. Farbe der Haut

Die Normalfarbe ist bei der weißen Rasse das Durchschimmern eines leicht rosa Farbtones. Dieser Idealzustand ist nur noch bei gesunden Säuglingen und Kindern zu beobachten, bei Erwachsenen selten. Eine Besserung des Hautbildes ist jedoch bei einer konsequenten Darmreinigungskur nach *F. X. Mayr* fast immer zu beobachten.

Änderungen:

1. *blaß-weißlich:* im klassischen Sinne verursacht durch Anämie, aber eben auch durch toxischen Kapillarspasmus.

2. *rot-blaurötlich:* hier kann je nach Krankheitszustand eine Rötung von zart livid bis zu dunkelblauer Zynose zu beobachten sein. Es besteht dann eine toxische Kapillardilatation mit Sauerstoffmangel und Kohlensäurevermehrung. Es finden sich oft Kapillarerweiterungen und Teleangiektasien. Daneben werden diese Verfärbungen auch hervorgerufen durch Herz-Kreislaufschäden direkter und indirekter Natur.

3. *graufahl-schmutzig-grau:* hier besteht Verhornung der Epidermis mit Ablagerung von Schadstoffen. Diese Veränderungen sind die Folge eines chronisch toxischen Kapillarschadens bei chronischer Obstipation, Autointoxikation vom Darm, Laxantienabusus, Nikotinabusus, und anderen Krankheiten.

4. *gelblich:* hervorgerufen durch Bilirubinablagerungen bei Leber-Gallenschäden. Die Hautveränderung kann das erste Zeichen bei Leberbelastung sein, bevor die enzymatischen Leberwerte eine Veränderung zeigen. Es muß die wichtige Entgiftungsfunktion der Leber mehr beachtet werden, um sie in dieser unterstützen zu können. Ein vermehrter Anfall von Toxinen tritt beispielsweise auf nach Medikamenteneinnahme, intestinaler Autointoxikation, nach Infekten.

5. *grünlich:* diese Farbveränderung findet sich meist bei akuter Toxinüberlastung, bei beginnendem Infekt, beginnender Vergiftung, bei akuter Gastroenteritis. Besonders oft bei Kindern zu beobachten - wenn diese erbrechen, also Säuren abladen konnten, verschwindet auch dieser Farbton sehr rasch wieder.

6. *bräunlich-fleckig:* braune Flecken und Flächen, um Augen, unter Mammae, in Achselhöhlen, zirkumgenital. Diese Flecken treten besonders an Schweißstellen auf, wo mit dem Schweiß Schadstoffe, vor allem Eiweißfäulnisprodukte wie Indikan, ausgeschieden werden. Auch Pigmentveränderungen oder Warzen, die bei älteren Menschen oft zu sehen sind, werden in dieser Ausscheidungsfunktion ihre Ursache haben.

2. Oberfläche der Haut

Die gesunde Haut ist rosig, samtartig, weich, glatt, glänzend und rein. Spröde, rissige, rauhe oder schmutzig aussehende Haut bedeutet verminderte Regenerationskraft durch mangelhalten Säftezustand. Feuchte oder mit kalt klebrigem Schweiß gedeckte Haut verrät toxischen Erregungszustand der Schweißdrüsen. Abnorm trockene, matte, glanzlose Haut spricht für Lähmung der Schweiß- und Talgdrüsen. Abschilfernde, schuppende, papierdünne Haut besteht bei Atrophie.

Der Dermographismus, einteilbar in 4 Grade, ist ein Kriterum des Säftezustandes des Körpers:

1. *Dermographismus 1. Grades:* ein blasser Strich durch Vasokonstriktorenkrampf.
2. *Dermographismus 2. Grades:* eine flammende Röte durch Blutfülle, verursacht durch Vasodilatation.
3. *Dermographismus 3. Grades:* mit Rötung, quaddelartiger Schwellung, Hitze und leichtem Schmerz verursacht durch Vasodilatation mit Entzündungen.
4. *Dermographismus 4. Grades:* hier tritt fast keine Reaktion auf. Aber nicht wegen Gesundheit, sondern weil die Haut bereits sehr substanzarm und weitgehend reaktionsunfähig geworden ist.

3. Der Tonus der Haut

Die normale Haut schmiegt sich dank ihres dichten, prall-elastisch tonisierten Gewebes festhaftend dem Körper an wie ein ideal sitzendes, faltenloses Trikot. Für diese Eigenschaften der Haut sorgt der Normotonus. Toxine in den Humores verändern den Tonus, wobei sich gerade im Gesicht charakteristische Veränderungen widerspiegeln:

1. Normalstadium
2. Erregungsstadium
3. Erschlaffungsstadium
4. Degenerationsstadium

Zum näheren Studium muß hier auf *Rauch,* Diagnostik nach *F. X. Mayr,* verwiesen werden [32].

4. Haar

Das gesunde Haar ist seidig glänzend, elastisch, lebhaft gefärbt, anschmiegsam, meist leicht gewellt. Der Zustand des Haares ist aber abhängig vom Zustand der Säfte, welche die Haarpapillen und die Haaröl produzierenden Drüsen versorgen.

1. Schädigungsstadium des Haares:

Schadstoffe wirken toxisch reizend auf die Haaröldrüsen, es tritt das Exzitationsstadium ein, die Drüsen produzieren zuviel und auch minderwertiges Haaröl. Die Folge ist, daß das Haar rasch fettig, klebrig, strähnig und schmutzig wird.

2. Schädigungsstadium des Haares:

Infolge des Lähmungsstadiums von Haarpapillen und Haardrüsen wird das Haar trocken, struppig, spröde, glanzlos, matt. Es tritt Schuppenbildung auf.

3. Schädigungsstadium des Haares:

Im Degenerationsstadium ist das Haar dünner und kürzer, zeigt aufgespaltene Spitzen, bricht ab und fällt leicht aus.

4. Schädigungsstadium des Haares:

Die Haarpapillen sind zugrunde gegangen, die restliche Haare fallen aus, Kahlköpfigkeit tritt ein.

5. Nägel

Gesunde Nägel sind kräftig, elastisch, glatt, glänzend, gut gewölbt, rosa mit ausgeprägtem weißen Mond. Längsverdickungen sind ein Zeichen für die intensive Verunreinigung des Blutes mit Reizstoffen. Querverdickungen bedeuten temporäres, toxisch bedingtes Paralysestadium mit Mangelproduktion des Nagelfalzes. Zersplittern oder leichtes Einreißen des Nagels sind Zeichen für Mineralstoffmangel, speziell Calcium und Kieselsäure.

6. Skleren

Die Lederhaut des Auges sollte eine rein weiße Farbe besitzen. Die häufigste Veränderung besteht in der Ablagerung von Gallenfarbstoff, es tritt der Subikterus ein. Dabei müssen die entsprechenden Leberfunktionswerte noch nicht verändert sein, da die Leber die Toxinanflutung noch kompensatorisch verarbeiten kann. Erst in einem späteren Stadium wird sich eine Pathologie der Leberwerte feststellen lassen. Selbst wenn das Lebergewebe zu einem Drittel untergegangen ist, lassen sich noch normale Leberwerte feststellen.

7. Konjunktiven

Bei der Augeninspektion werden auch die Konjunktiven beurteilt. Blässe weist klassisch auf Anämie hin, während hochrote Verfärbung ein Entzündungszeichen ist. Die Ursachen können sowohl äußerliche (unpassende Brillen, Fernsehen, Autofahren, Zugluft, Zigarettenrauch), als auch innerliche sein. Dies deshalb, da Toxine mit der Tränenflüssigkeit ausgeschieden werden, und zu einer ständigen Konjunktivalreizung führen können. Dies ist bei chronischen Konjunktivitiden zu beobachten, die erst nach einer echten Entgiftungskur verschwinden.

Eine Besonderheit ist die Tränenstraße, die als bräunlich verfärbter Hautstreifen zu beobachten ist, der von den Außenwinkeln der Augen nach seitwärts führt. Er entsteht ebenfalls durch die toxinhaltige Tränenflüssigkeit, die während des Schlafs abfließt. Bei genauer Beobachtung kann sogar die Seite bestimmt werden, auf der der Patient meistens liegt, weil dort die Tränenstraße ausgeprägter ist.

Auch die morgendlichen Verkrustungen besonders am Innenwinkel beruhen darauf, daß es während des Schlafs zur Auskristallisation von Ausscheidungsprodukten gekommen ist.

8. Mund

Beim normalen Mund ist die Mundspalte gerade, die Mundwinkel von Ober- und Unterlippe sind deutlich sichtbar. Die Farbe ist rot. In der Exzitationsphase rollen sich die Lippen nach außen, wobei das Lippenrot vermehrt sichtbar wird. Die Lippen werden dunkelrot. Bei der weiteren Degeneration wird der Mund schmal und dunkel gefärbt. Oft ist der Mundwinkel dann durchhängend. Schreitet die Gewebsübersäuerung weiter fort, so kommt es zum Fehlen der Lippen, anstelle des Mundes ist nur noch ein „Mundspalt“ zu sehen.

9. Zunge

Die normale Zunge ist klein, gleichmäßig rosarot, feucht und ohne Belag. Eine trockene Zunge zeigt den Lähmungszustand der Speicheldrüsen an. Je trockener die Zunge, um so stärker besteht die Exsikkose, bzw. auch der allgemeine Vergiftungszustand.

Ein dicker, weißer oder gelblicher Belag findet sich z. B. bei Nikotinabusus und ausgeprägten Störungen im Magen-Darm-Kanal.

Für den Säure-Basen-Haushalt sehr wichtig ist die Säurezunge: die Zunge ist teilweise hochrot und zeigt immer Einrisse und Zerklüftungen.

10. Foetores

Beim Foetor ex ore ist zu unterscheiden, ob die Ursache im Mundraum selbst, im Bronchialbereich oder im Magen-Darm-Kanal zu suchen ist. Der Foetor sudoris entsteht, wenn die Haut als „3. Niere“ kompensatorisch Gifte und Säuren mit ausscheiden muß.

4. Grundlagen des Säure-Basen-Haushaltes

Bei der Betrachtung des Säure-Basen-Haushalts ist die Grundlage die Funktion der *Belegzellen des Magens.* Dabei arbeiten diese Zellen nach folgender Formel:

$$NaCl + CO2 + H2O \rightarrow NaHCO3 + HCl$$

Die gebildete Salzsäure bleibt als stärkste Säure im Magen, das gebildete Natriumhydrogencarbonat geht als stärkste Base ins Blut über.

Fallen die Belegzellen aus, so gibt es keine HCL-Produktion, aber auch keine Basenproduktion mehr. Würde substituiert werden, so wäre dies ein einseitiger Eingriff. Die Basen sind zur Neutralisierung der metabolischen Säuren und für die Funktion der basophilen Organe notwendig.

Sander betont, daß die Säurezufuhr exogen und endogen sein kann, die Zufuhr von Basen stets jedoch exogen sein muß!

Zu den *basophilen Organen* zählen: Speicheldrüsen, Leber, Gallenblase, Bauchspeicheldrüse, Brunnersche Drüsen des Zwölffingerdarms, Lieberkühnsche Drüsen des Dünn- und Dickdarms.

Dabei werden innerhalb von 24 Stunden folgende Säftemengen gebildet:

1,5 Liter Speichel	pH-Wert: nicht unter 6,34
2,5 Liter Magensaft	pH-Wert 1—2
0,5—1,5 Liter Galle	pH-Wert 7,5—8,8
0,7 Liter Bauchspeichel	pH-Wert 7,5—8,8
3 Liter Darmdrüsensaft	pH-Wert 7,5—8,8

Eine Besonderheit ist der pH-Wert der Scheide der erwachsenen Frau. Durch die Milchsäurebakterien, die (nach dem Gynäkologen) *Döderleinsche Scheidenbakterien* genannt werden, wird ein pH-Wert von 4,0—4,7 aufgebaut. Dieser niedrige pH-Wert hemmt die Entwicklung anderer Bakterien und verhütet, daß Krankheitskeime von außen aufsteigen und sich in der Scheide ansiedeln können (Infektionsschutz und Selbstreinigung).

Im Stoffwechsel des Menschen besteht ein Säure-Basen-Gleichgewicht. Durch eine *Säure-Basen-Flut* ähnlich den Gezeiten Ebbe und Flut kann der Körper dieses Gleichgewicht aufrechterhalten. Dabei kommt es über die Nierentätigkeit zu folgenden Urin-pH-Veränderungen:

7 Uhr saurer Urin, 10 Uhr neutraler Urin, 13 Uhr saurer Urin, 16 Uhr basischer Urin, dann saurer Urin, 21 Uhr wieder basischer Urin.

Optimal ist nach *Glaesel* eine Basenflut morgens zwischen 8 und 10 Uhr, und eine weitere nach der Hauptmahlzeit zwischen 14 und 16 Uhr.

Eine Ausscheidungsstarre ist leicht durch die Urin-pH-Messung festzustellen, hierbei bleiben alle Tageswerte im sauren Bereich.

Um die Harmonie im menschlichen Körper bei Zufuhr saurer Speisen (siehe später) zu ermöglichen, stehen *Pufferkapazitäten* zur Verfügung. Bei einem Sportler beispielsweise adsorbieren die kollagenen Fasern des Bindegewebes die entstehende Muskelmilchsäure. Wäre dies nicht möglich, so müßte er sofort zu Tode kommen, da der Blut-pH-Wert drastisch absinken würde.

Um aber die Pufferkapazitäten im fließendem Blut aufrechterhalten zu können, schiebt der Körper Säuren aus der Blutbahn in angrenzende Gewebe. Dabei werden zunächst „einfache“ Gewebe wie das Bindegewebe betroffen sein, später kommt es auch zum Befall höherwertiger Organe. Die *Hierarchie der Gewebe* ist dabei entscheidend. Es kommt zur *Gewebeazidität.* Wird ein Organ, oder auch ein Organbezirk besonders betroffen, so entsteht eine *Lokalazidose nach Kern* [12, 13, 14].

Die *latente Azidose* ist als Übergangsstadium zu verstehen. Sie ist eine Phase, in der der Körper noch Säuren zu puffern vermag, aber bereits Basenreserven aus Organen abbauen muß.

5. Entstehung von Azidosen

Auf die Entstehung der Azidosen ist das Hauptaugenmerk zu richten, denn durch ihre Berücksichtigung in der Therapie ist eine kausale Behandlung möglich.

Endogen

1. Bildung großer Säuremengen durch chronische Darmgärung
2. Bildung großer Säuremengen durch Fehlleistungen endokriner Drüsen (Diabetes mellitus, Hepatopathie)
3. Unterfunktion gesunder Nieren
4. Unterfunktion der Belegzellen des Magens und dadurch Ausfall normaler Basenfluten

Exogen

1. Basenmangel in der Nahrung durch verkehrte Zubereitung und Mangel an Frischkost
2. Eiweißüberernährung, Entzug von Alkali durch Bildung von Phosphaten und Sulfaten
3. Fehlverarbeitung von Kohlenhydraten und Fetten, dabei entstehen Ketosäuren, Milchsäure und andere organische Säuren.

Diese beiden Gruppen stellen die Hauptentstehungsursachen für Azidosen dar. Daneben müssen aber noch folgende Möglichkeiten in Betracht gezogen werden:

Hunger, Fieber, Diarrhöe, Leberzirrhose und andere Hepatopathien, Cholezystopathien, allgemeine Hypoxämie bei Herzinsuffizienz, schwere körperlicher Belasung, Vergiftungen, Erstickungen, Hypothermie, lokale Hypoxämie bei peripheren und zerebralen Durchblutungsstörungen sowie Verbrennungen, Vergiftungen mit chemischen Substanzen, bakterielle Toxine, Leukämie, Myelom, kongenitale Laktatazidose, Glykogenspeicherkrankheit, M. Addison, Hyperthyreose, M. Wilson, Fruktoseintoleranz, Diuretika, primärer Hyperaldosteronismus, sekundärer Hyperaldosteronismus, Kortisontherapie.

6. Stadieneinteilung der Azidosen

Die pH-Normalwerte im menschlichen Blut sind:

pH im venösen Blut	7,32 – 7,43
pH im arteriellen Blut	7,35 – 7,45

Die manifeste Azidose ist eine dekompensierte Säure-Basen-Störung mit Abfall des pH-Wertes unter 7,35.

Die manifeste Alkalose ist eine dekompensierte Säure-Basen-Störung mit Anstieg des pH-Wertes über 7,50.

Jörgensen unterscheidet:
die *metabolische Azidose* mit Basenmangel
(bei mangelnder Pufferung im Blut),
die *respiratorische Azidose* mit Basenüberschuß
(in der Praxis nur selten zu sehen),
die *latente Azidose* = kompensatorische Minderung der Pufferbasen ohne Absinken des pH-Wertes unter den Normbereich.

In der Praxis ist nach *Sander* die latente Azidose die am häufigsten vorkommende Form.

Zur Übersicht über den Schweregrad der Übersäuerung dient folgende Stadieneinteilung:

1. Idealzustand

Im Idealzustand, bei dem das Blut im vollendeten Säure-Basen-Gleichgewicht und auch humoralpathologisch in den Geweben noch nichts krankhaftes festzustellen ist, ist in unserer Zeit eigentlich nur noch der frischgeborene Säugling. Voraussetzung ist aber, daß der Schwangerschaftsverlauf bereits unter idealen Säure-Basen-Gesichtspunkten verlaufen ist. Weitere Voraussetzung ist das Stillen. Der Wert der Zusammensetzung der Muttermilch ist unbestritten, auch im Hinblick auf die Übertragung der Immunkörper. Ernährungstechnisch für den Säugling ist entscheidend, daß durch den Stillvorgang der kleine Mensch gezwungen ist, die Milch Schlückchen für Schlückchen zu saugen und einzuspeicheln. Dadurch wird die Milch optimal für den weiteren Verdauungsvorgang aufbereitet. Kommt es wirklich einmal zu einem Erbrechen des Säuglings nach dem Stillen, so hat das Erbrochene keinen unangenehm sauren Geruch, sondern riecht aromatisch wie eine ganz leicht gesäuerte Milch.

2. Latente Azidose

Dieses Stadium ist heute bereits Durchschnittszustand. Es besteht eine kompensatorische Minderung der Pufferbasen ohne Änderung des pH-Wertes.

Es füllen sich jedoch bereits die Depots mit sauren Valenzen, der Mensch wird sich zwar selten schon krank fühlen, aber erste humoralpathologische Zeichen sind bereits sichtbar.

3. Akute Azidose

Ein Patient mit einer akuten Infektionskrankheit ist beispielsweise in einer akuten Azidose. Die Ausscheidungsorgane (Nieren, Darm, Atemwege) arbeiten auf Hochtouren, um durch Entzündungen, Katarrhe, Fieber und andere Ausscheidungsvorgänge (Erbrechen, Durchfälle, Harnflut) Toxine (= meist Säurevalenzen) auszuscheiden. Dieses Stadium ist nach *Reckeweg* die Exkretions- oder Ausscheidungsphase.

4. Chronische Azidose

Diese Erscheinungsform liegt beispielsweise beim chronischen Rheumapatienten vor.

Hier sind humoralpathologisch ausgeprägte bis schwere Veränderungen festzustellen.

Degenerative Erkrankungen sind hier zu finden, oder werden noch von diesem Stadium ausgehen. In der Langzeitbeobachtung zeigt sich leider sehr deutlich, daß der Mensch zwar viel an Reserven mitbekommen hat, sich aber auch die stärksten Reserven erschöpfen können, und daß dann „aus heiterem Himmel“ eine lebensbedrohliche Krankheit festgestellt wird, die auf dem Boden der latenten Azidose vorbereitet und durch einen kleinen Anlaß ausgelöst wurde („Letzter Tropfen aufs volle Faß“).

5. Lokale Azidose

Nach *Kern* [12, 13, 14] sind zahlreiche Organschäden, die man der Arteriosklerose angelastet hatte, aus der Sicht des Säure-Basen-Haushaltes lokale Azidoseschäden oder Azidosekatastrophen im Gewebe. Durch das Phänomen der azidotischen Erythrozytenstarre kommt es zur lokalen Blokkierung des Blutstroms besonders in den Endstrombahnen, das Gewebe geht an Sauerstoffmangel und Säurebildung zugrunde.

Diese *örtlichen Gewebeazidosen* spielen besonders eine Rolle im *Gehirn als Schlaganfall*, im *Herzen als Herzinfarkt* und in den *Beinen als Beinnekrosen.*

6. Säuretod

In schweren Fällen, in denen der Körper das Endstadium der Säureausscheidung erreicht hat und es zu einem unaufhörlichen Ansteigen der Säurekonzentration kommt, wird der Tod in Form des Säuretods eintreten.

Unser ständiges Bemühen muß deshalb sein, soweit als möglich das Normalstadium zu erreichen. Auch wenn die Speicher nicht mehr vollständig zu entleeren sein werden, so soll doch versucht werden, im fließenden Blut ständig das Gleichgewicht einigermaßen zu halten.

So können langfristig schwere Krankheiten vermieden werden. Bei bereits bestehenden Erkrankungen wird sich die Lebensqualität in einem hohen Prozentsatz anheben lassen.

7. Alkalosen

Die Alkalose ist definitionsgemäß eine Säure-Basen-Störung mit Anstieg des pH-Wertes über 7,50.

Es erfolgt folgende Unterteilung:
die respiratorische Alkalose mit Basenmangel,
die metabolische Alkalose mit Basenüberschuß.

Ursachen der respiratorischen Alkalose
(vermehrte CO2-Abgabe durch Hyperventilation):

- Neurologische Störungen des Atemzentrums durch Traumen, Tumore oder Enzephalitiden,
- traumatischer Schock,
- funktionell (vegetativ, Angst, Schmerz)
- hormonell (prämenstruell, Gravidität)
- Toxine (z. B. Leberzirrhose)
- Hypoxie (Höhe, Fieber, Anämie)

Diese Form ist in der Alltagspraxis fast immer als Alkalose mit Basenmangel zu beobachten, zu interpretieren ist sie eigentlich als eine *versteckte Azidose.* Die *pH-Erhöhung kommt wahrscheinlich zustande durch eine ständige Gegenregulation,* sei es durch eine verstärkte Atemtätigkeit durch Abatmen von CO2 nach folgender Gleichung:

$$H^+ + HCO_3 = H_2CO_3^- = CO_2 + H_2O$$

Jedes eliminierte H+-Ion nimmt aber ein Bicarbonatmolekül mit, so daß der schon vorbestehende Basenmangel immer mehr zunimmt.

Zum anderen kann der pH-Wert ansteigen durch die kompensatorische Freisetzung von Mineralionen aus den Geweben ins Blut.

Ursachen der metabolichen Alkalose:

Übermäßige Zufuhr von Bicarbonat, Laktat, Zitrat, Milch, saures Erbrechen, Kardiakarzinom.

Auch diese Form ist *in der Praxis selten anzutreffen.* Durch die verschiedenen Möglichkeiten der Übersäuerung ist bereits zum Ausgleich eine erhebliche Pufferung notwendig, und bis zum echten Basenüberschuß bedarf es fast einer asketischen Lebensführung. Unter den genannten 2000 Messungen war jedenfalls diese Form nicht zu finden.

Funktionseinheit der inneren Organe

Anschaulich soll das Zusammenspiel von Säuren und Basen im Organismus an 8 Punkten dargestellt werden (nach *Sander* [38]):

1. Exogene Zufuhr durch die Nahrung
2. Endogene Zufuhr physiologischer Stoffwechselschlacken
3. Endogene Zufuhr unphysiologischer Stoffwechselschlacken durch chronische Darmgärung und bei Stoffwechselkrankheiten (z. B. Diabetes mellitus)
4. Ausfuhr von Säuren und Basen über die Niere und den Darm
5. Ausscheidung von Kohlensäure über die Lunge
6. Endogene physiologische Bildung im Magen von Salzsäure und Natriumbicarbonat
7. Beschaffenheit und Kapazität der Depots für Säuren und Basen
8. Regulation und Synchronisierung aller dieser Funktionen und Organtätigkeiten.

Im einzelnen werden die Aufgaben der verschiedenen Organe näher dargestellt.

1. Der Magen als Zentrum von Säurebildung und Ausscheidung

Gehen wir vom Beispiel einer akuten Magenübersäuerung aus, die als *Krankheitssymptom* das *Sodbrennen* hat. Warum kommt es zum Sodbrennen? In einer überschießenden Reaktion haben die Belegzellen des Magens mehr Salzsäure produziert als zur Verarbeitung des Speisebreis notwendig war. Hier ist aber die wichtige Doppelfunktion der Belegzellen entscheidend: Es kommt nach folgender Gleichung zur Bildung von Salzsäure und Natriumbicarbonat

$$NaCl + CO_2 + H_2O = NaHCO_3 + HCl$$

Sander hat dies in seinem Buch [38] modellhaft dargestellt. Die entstehende Flut von Natriumhydrogencarbonat, die sofort ins Blut übergeht, würde zur schwerwiegenden Alkalose führen, wenn nicht die basophilen Organe (Leber, Gallenblase, Bauchspeicheldrüsen, Dünndarm) diese Basenflut aufnehmen würden. Wenn diese Organe mehr Basen zur Verdauung benötigen, muß der Magen mehr Natriumhydrogencarbonat produzieren, aber zugleich entsteht auch eine übermäßige Salzsäureproduktion. Diese macht sich im Symptom „Sodbrennen" bemerkbar.

Die *Doppelfunktion der Belegzellen* ist also eine biochemisch fundamental wichtige Aufgabe. Wird die Produktion von Salzsäure durch die derzeitige aktuelle Therapie mit Säuresekretionshemmern oder Protonenpumpenblockern unterbrochen, so kommt es auch zum Versiegen der Basenproduktion. Diese Medikamente wirken durch ein *Blockieren des Fermentes Carboanhydrase.* Damit kommt es aber auch zur *biochemischen Schwächung der genannten basophilen Organe,* eine relative Funktionsschwäche dieser Organe wird die Folge sein. Das wiederum hat eine Schwächung des gesamten Organismus zur Folge, der der Möglichkeit beraubt ist, sich über die Magenschleimhaut im Sinne eines Notventils zu entsäuern.

Die *Mukosabarriere* wird neben *Bicarbonat* durch *Schleim, Prostaglandine* und durch die *Epithelregeneration* gebildet.

Ein scheinbares Problem kann die *Säurelockung* durch Natriumhydrogencarbonat darstellen. Die Entfernung der Säuren kann eben mit Natriumhydrogencarbonat, durch Magenausheberung, durch Erbrechen oder durch Verdünnen mit Wasser erreicht werden. Die Belegzellen hören mit ihrer Arbeit auf, wenn die Magen-Salzsäure eine bestimmte Stärke erreicht hat - die „H-Ionen-Barriere" der Salzsäureproduktion des Magens. Wird diese Barriere durch Natriumbicarbonat, durch Ausheben oder durch Verdünnen geöffnet, dann muß bei Bestehen einer latenten Azidose sofort *Salzsäure aus dem übersäuerten Organismus nachströmen,* aber dies geschieht in einem überschießenden Maß, deshalb kann Sodbrennen nach Basengabe erfolgen. Eine zweite, kleinere Gabe eines Basenpulvers oder entsprechender Medikamente neutralisiert diese Säuremenge sofort. Die H-Ionen-Barriere stellt somit ein Sicherheitsventil im technischen Sinne dar.

Noch eine grundlegende Bemerkung zur Magentherapie:

Nach *Sander* [38] wurde schon früher mit Natriumbicarbonat therapiert. Man meinte damals, es käme zu einer Reizung der Magenschleimhaut wegen vorübergehend überschießenden Einfließens von Salzsäure in den Magen als Notventil. Es wird aber die gesamte Salzsäure neutralisiert und dann die Magensalzsäure zu 100 % mit dem Harn ausgeschieden:

$$NaHCO_3 + HCl = NaCl + CO_2 + H_2O$$

Aus dieser Furcht gab man schon früher Erdalkalien (Magnesiumsalze) oder Erden (Aluminium), wobei dann die Salze $MgCl_2$ und $AlCl_3$ entstehen. Hyperacide Patienten sind aber mit Natriumbicarbonat wesentlich besser therapierbar. Bei Verwendung dieser Stoffe gehen zwei Drittel der Magensalzsäure wieder ins Blut zurück, beschlagnahmen Teile der Alkalireserve und erscheinen von neuem als Depotsalzsäure im Magen.

Magen: $3\,MgO + 6\,HCl = 3\,MgCl_2 + 3\,H_2O$

Darm: $3\,MgCl_2 + 2\,NaH_2PO_4 = Mg_3(PO_4)_2 + 4\,HCl + 2NaCl$

$Mg_3(PO_4)_2$ wird im Kot ausgeschieden, es hätte aber noch 2 Wasserstoffionen binden können, dies ist jetzt nicht mehr möglich, dadurch kommen diese 2 Mol wieder in den Kreislauf zurück. es wird also hier nur vorübergehend gepuffert, aber kein einziges Mol der Säure ausgeschieden.

2. Der Darm und die saure Gärung

Nach der Magenpassage gelangt der Speisebrei in den Zwölffingerdarm und weiter in den Dünndarm. Im Idealzustand herrscht eine Harmonie zwischen den Verdauungssäften und den notwendigen Darmbakterien, es besteht eine Symbiose. Wie beim Magen aber bereits beschrieben, kommt es zu einer Schwächung der basophilen Organe, und hier beginnt die Störung. Dies ist nicht gleichbedeutend mit einem Ausfall dieser Organe, es besteht nur eine Schwächung, kein 100%-iges Arbeiten mehr.

Normalerweise wird der Speisebrei im Dünndarm mit Hilfe der Verdauungssäfte problemlos verarbeitet. Der Dünndarm selbst ist idealerweise frei von Bakterien, erst im Dickdarm besteht eine körpereigene Bakterienflora. Aber *durch chronische Störungen ist es zu einem Aufsteigen der Bakterien gekommen,* auch zum *Auftreten von Candida-Pilzen,* und dadurch ist einer *krankhaften Gärung im Dünndarm jetzt jede Möglichkeit geboten:* Temperatur *von 37° C,* Bakterien und eine meist gärfreudige zellulosehaltige Nahrung. Diese Art von Gärung kann sich jeder durch Zufuhr entsprechender Lebensmittel selbst erzeugen. Es trägt also jeder Mensch seinen eigenen Gärbottich im Körper.

Die Darmzotten sind klüger als ihr menschlicher „Besitzer“: sie verweigern die Aufnahme von Säuren. Daher kann nach einer säurereichen Mahlzeit Durchfall auftreten. Die Darmzotten schalten beim Auftreten der starken Säuren im Darmbereich ab, und so verläßt dieser uneingedickt den Darm. Auch die meisten Abführmittel enthalten starke Säuren. *Koch* [15] beschreibt diese Tatsachen sehr ausführlich in dem Buch „Saure Nahrung macht krank“. Nur mit der von ihm empfohlenen Ernährungsweise kann ich aus praktischen und menschlichen Gründen nicht einhergehen, da eine Neutralisation auch anders zu erreichen ist.

In der Alltagspraxis tritt *Durchfall* gehäuft auf, vor allem nach Festtagen. Wenn man sich überlegt, was an Festtagen an sauren Lebensmitteln (darüber später) und was alles durcheinander gegessen wird, so bleiben als Endresultat nur Säuren übrig. Es besteht aber *dann der starke Patientenwunsch nach sofortiger Blockierung des Durchfalls,* obwohl es bei genauer Überlegung näher liegt, den Darm von seinen Säuren zu befreien, als zu versuchen, einen Säurestopp zu erreichen. So ein Durchfallgeschehen ist in den meisten Fällen ein *Notventil,* um den ganzen Körper vor erheblicher Allgemeinerkrankung, wenn nicht gar vor dem Tode, zu bewahren — bewirkt durch die Abdrosselung der Darmzotten zur Vermeidung der Aufnahme von Giftstoffen oder Krankheitserregern. In solchen Fällen ist es also besser, adsorbierende Stoffe wie z. B. Kohle oder Siliciumdioxid [Entero-Teknosal ® zu geben.

Ausgehend vom diesen biochemischen pathologischen Tatsachen ist der Ausdruck *„intestinale Autointoxikation"*, auch *Enterotoxikose* genannt, geprägt worden. Die Autoren *Rohlffs, Rodrian und Pirlet* haben sich mit diesem Problem in ihrer Arbeit „Intestinale Autointoxikation und Kanzerogenese" [37] auseinandergesetzt.

Sie berichten, daß zahlreiche Krankheiten in regional unterschiedlicher Häufigkeit auftreten, und daß in umschriebenen geographischen Räumen Nahrungsmangel oder Nahrungsüberfluß zu einem wechselnden Auftreten bestimmter Krankheitsbilder führen.

Weiter heißt es, daß ein Teil der im Übermaß zugeführten Nahrung nicht ordnungsgemäß verdaut und in den unteren Darmabschnitten bakteriell zersetzt wird. Hierbei entstehen unter anderem Substanzen, deren toxische und kanzerogene Eigenschaften erwiesen sind. Es muß damit gerechnet werden, daß einige dieser bakteriellen Abbauprodukte eine lokale Wirkung auf die Darmschleimhaut und nach ihrer Resorption eine bisher noch wenig bekannte Wirkung auf andere Organsysteme entfalten. Für diesen pathogenetischen Modus, der immer noch oft bezweifelt oder zumindest nicht genügend in Rechnung gestellt wird, ist der Begriff *„Intestinale Autointoxikation"* geprägt worden.

Die Autoren weisen darauf hin, daß im unteren Dünndarm und Dickdarm Gärungs- und Fäulnisvorgänge ablaufen. Es zeigte sich, daß im Stuhl Produkte der alkoholischen Gärung nachweisbar sind und daß die jeweils gefundenen Mengen erhebliche Unterschiede aufweisen. Tierexperimentelle Untersuchungen hatten ergeben, daß ein oral verabreichtes Gemisch von höheren Alkoholen eine vielfältige organschädigende und kanzerogene Wirkungen hat und damit lebensverkürzend wirkt.

Die Menge der einzelnen, im Stuhl nachweisbaren Alkoholkomponenten war abhängig von der Nahrungszusammensetzung, von der Passagezeit des Darminhaltes und damit von der Dauer der bakteriellen Einwirkungen sowie von der unterschiedlichen Resorption durch die Darmschleimhaut. Durch eine entsprechende Diätführung konnte die Entstehung von Noxen verhindert werden. Physikalisch-therapeutische Maßnahmen beschleunigen deren Ausscheidung, z. B. über die Haut.

Eine weitere interessante Arbeit zum Thema: *Kaji, H., Asanuma, Y., Ide, H., Saito, N., Hisamura, M., Murao, M., Yoshida, T.* und *Takahashi, K.*: Syndrome d'auto-brasserie — crises iteratives d'empoisonnement par alcool dues a la croissance excessive de Candida (albicans) dans li tube digestif [11]. *(Syndrom der Eigenbrauerei — wiederholte Vergiftungskrisen durch Alkohol aus übermäßigem Wachstum von Candida im Verdauungstrakt.)*

Die Autoren berichten über eine 24jährige Patientin, die mehrere Wochen lang etwa 1—2 Stunden nach dem Genuß einer überwiegend kohlenhydratreichen Mahlzeit über folgende Symptome klagte: allgemeine Schwäche, Schwindel, Erbrechen, Benommenheitszustände. Am Tag der Krankenhausaufnahme hatte sie 2 Stunden nach dem Frühstück einen totalen Schwächezustand, gefolgt von einem Ohnmachtsanfall. Sie wurde bewußtlos ins Krankenhaus eingeliefert.

Als *Ursache* fand sich schließlich ein *übermäßiges Vorhandensein von Candida albicans, das zu starker Gärung und damit zur Bildung von Gärungsalkoholen geführt hatte,* die dann die entsprechenden Vergiftungssymptome induziert hatten. Nach medikamentöser Therapie und Entzug der gärungsfreudigen kohlenhydratreichen Nahrung war die Patientin innerhalb weniger Tage beschwerdefrei.

Dieses Beispiel aus Japan steht für viele Fälle aus der täglichen Praxis. Aus dieser Erkenntnis heraus kann vielen Patienten geholfen werden, ohne Umweg über Neurologen und Psychiater, Computer- und Magnetspintomographie.

Rieth [36] weist auf dieselbe Problematik hin, und gibt in seiner Schrift „Mykosen — Anti-Pilz-Diät" die Anweisung einer entsprechenden Ernährungszusammensetzung. Er betont dabei das Weglassen von zuckerhaltigen Nahrungsmitteln.

3. Das Blut als Puffer und Transportmedium

Für uns ist das Blut heute naturwissenschaftlich durchschaubar geworden. Es setzt sich bekanntermaßen zusammen aus: Erythrozyten, Leukozyten, Thrombozyten und den Gerinnungsfaktoren.

Das Blut ist das Transportmedium für alle Nährstoffe hin zu und für alle Schlackenstoffe weg von den Zellen zu den Ausscheidungsorganen.

Aber bereits in seiner Funktion als Transportorgan muß es „sammelnd = puffernd" wirken. Dafür ist das Blut mit mehreren *Puffersystemen* ausgestattet worden, die sich wie folgt aufteilen:

Phosphatpuffer	5%
Proteinatpuffer	7%
Hämoglobinatpuffer	35%
Bicarbonatpuffer	53%

Phosphat- und Proteinatpuffer sind nur von untergeordneter Bedeutung. Die Pufferwirkung des Hämoglobins ist abhängig von der Meßzahl des Hämoglobins. Ist es zu niedrig, so ergibt sich auch eine insgesamt niedrige Pufferkapazität, besteht eine Polyglobulie, so kann sich dahinter eine latente Azidose verstecken.

Das Bicarbonatpuffersystem leitet über zu den Organen Lunge und Nieren. Über die Lungen wird Kohlensäure abgeatmet, über die Nieren werden nicht gasförmige Stoffwechselendprodukte ausgeschieden.

Eine wichtige Besonderheit ist bei der Pufferwirkung im Blut zu beachten. Eine Messung des Säure-Basen-Status kann nur Momentaufnahme sein, und es ist die aktuelle Situation des Patienten mit zu berücksichtigen. Desweiteren ist es die Aufgabe des Körpers, sein Blut, das Transportmedium, so rein wie möglich zu halten, das heißt, *wenn die Säurekonzentrationen ansteigen, wird zwar gepuffert, aber zugleich wird auf den Tranportwegen an die verschiedenen Gewebe abgegeben.* Hier besteht die Rangordnung, daß zunächst „minderwertige" Gewebe und Organe betroffen sind, erst im späteren Stadium werden auch „höherwertige" Organe mit Säuren belastet („Hierarchie der Gewebe").

Da ein Fließgleichgewicht besteht, kann das Blut noch relativ gepuffert sein, während bereits erhebliche Säuredepots im Bindegewebe vorhanden sind. Selten wird der Zustand umgekehrt sein.

Dies beweist den Irrtum, aus dem pH-Wert des Blutes allein den Säure-Basen-Haushalt beurteilen zu wollen.

4. Die Niere und ihre Funktionen

Der Niere stehen verschiedene Mechanismen zur Verfügung, um eine Azidose oder Alkalose wieder auszugleichen [35]:

Der Bicarbonatmechanismus

Bei normaler Nierentätigkeit wird praktisch das gesamte Bicarbonat aus dem Glomerulumfiltrat in den Tubuli rückresorbiert. Bei einer Alkalose steigert sich die Ausscheidung erheblich. Bei Azidosen nimmt die Kapazität der Nierentubuli zur Bicarbonatrückresorption durch den erhöhten CO_2-Druck zu. Dieser Effekt ist der *Basensparmechanismus der Nieren.* Er ist jedoch abhängig von der zinkhaltigen Carboanhydrase.

Der Phosphatmechanismus

Es kommt hier zu einem Austausch von H^+ aus der Zelle gegen Na^+ im Tubuluslumen. Dort verbleibt statt des ursprünglichen Na_2HPO_4 nunmehr NaH_2PO_4 und wird ausgeschieden. Das HCO_3 aus der Zelle gelangt mit dem rückresorbierten Na^+ in das Blut, so daß dort der Gehalt an $NaHCO_3$ ansteigt. Je höher der CO_2, desto größer wird der Austausch zwischen H^+ und Na^+ aus dem Tubuluslumen und desto mehr $NaHCO_3$ gelangt in das Blut, so daß das gestörte Verhältnis Säure zu Salz wieder normalisiert wird.

Der Kationenaustausch

Wie gerade dargestellt, können im tubulären Apparat H^+ und K^+ gegen Na^+ ausgetauscht werden. Bei hoher Konzentration von H^+ wird relativ mehr H^+ ausgetauscht, und so der Organismus gegen Basenverluste geschützt.

Dies ist die einzige Eliminationstätigkeit von H^+-Ionen über die Nieren, sie ist jedoch ebenfalls abhängig von der zinkhaltigen Carboanhydrase.

Die Säureausscheidung

Wenn der pH-Wert des Urins unter die normale Höhe von 6,0 absinkt, können organische Säuren wie Acetessigsäure ausgeschieden werden, so daß kein entsprechender Verlust an Basen eintritt.

Der Ammoniummechanismus

Bei sinkendem pH tritt ein weiterer Basensparmechanismus in Kraft. Es kommt zur Bildung von Ammoniak aus Glutaminsäure in den Tubuluszellen unter Einwirkung der Glutaminase. Das NH_3 kann leicht in den Tubulus diffundieren und dort die Aufnahme von H^+ in NH_4^+ übergehen. Es nimmt dann die NaCl-Ausscheidung ab und die NH_4Cl-Ausscheidung zu.

5. Das Bindegewebe als Säurespeicher

Es ist das große Verdienst von *Pischinger*, das *System der Grundregulation des Bindegewebes* entdeckt zu haben. Dieses System definiert sich als Funktionseinheit der Gefäßendstrombahn, der Bindegewebszellen und der vegetativ-nervalen Endformation [28]. Das gemeinsame Wirk- und Informationsfeld dieser Trias ist die extrazelluläre Flüssigkeit. Angeschlossen sind die Lymphgefäße und Lymphorgane. Es ist das größte den Organismus ganzheitlich durchziehende System.

Die Grundsubstanz dient zugleich als Eiweißspeicher. Die *Proteoglykane als „Baugerüst" können alle vier Nährstoffe speichern:* Kohlenhydrate als Glukose und Galaktose, Eiweiß als -NH-Gruppen, Fett als Kohlenhydratketten mit Säureresten und Wasser.

Im Speichereiweiß ist das Verhältnis Kollagen zu Polysaccarid 95% zu 5%, während in pathologischen Glykoproteinen wie dem Amyloid Verhältnisse von 42% Kollagen zu 58% Polysaccharide auftreten können. Speichereiweiß und Amyloid können in wechselnden Mengen und Kombinationen viele andere Moleküle binden (= verschlacken), wie zum Beispiel Immunglobuline, Lipoproteine, Albumin, Aminosäuren, Glykoproteine, Harnsäure, Cholesterin, Umweltschadstoffe, Kohlenoxyd-Hämoglobin.

Nach *Wendt* [53] kommt es zur Verdickung der Basalmembran und dadurch zu einer erheblichen Erschwerung des gesamten Stoffwechseltransports, sowohl der Hinführung, wie auch des Schlackenabtransports. In dieser Verdickung der Basalmembran hat nach *Wendt* die Zuckerkrankheit ihre Entstehungsursache, da ein höherer Druckgradient notwendig ist, um die notwendigen Moleküle Glukose durch die Basalmembran zu schleusen. Andererseits wird der Abtransport gestört, und hier ist die *Entstehungsursache des Weichteilrheumatismus* zu suchen. *Volhard* hatte das Bindegewebe treffenderweise als Vorniere bezeichnet — heute sehen wir es als *Zwischenlager* bis zur endgültigen Elimination.

Und da das Bindegewebe sehr weiträumig ist, können viele Säurevalenzen lange Zeit unbemerkt gespeichert werden, erst bei höherer Konzentration wird sich dann ein Krankheitszustand einstellen.

Hier darf auf die grundlegenden Arbeiten von *Pischinger* und *Wendt* verwiesen werden, deren Studium vieles klarer erscheinen läßt.

Pirlet hat sich für die Gesellschaft der Mayr-Ärzte zum Thema „*Was versteht man unter Stoffwechselschlacken?*" wie folgt geäußert:

„Schlacke ist das Abfallprodukt bei der Verbrennung von Steinkohle und Koks. Hochofen-Schlacke ist der „unreine Abfall" beim Erzschmelzen. Die Schlacke wird abgestochen und verworfen.

Die naturwissenschaftliche Medizin hat viele Begriffe aus unserer erfahrbaren Welt, aus naturhaften und technischen Abläufen, auf biologische Phänomene übertragen — um eben diese biologischen Phänomene bildhafter und begreifbarer zu machen. Wir sprechen tagtäglich von Entzündungen, nie hat es in uns einen Zündfunken gegeben. Kohlenhydrate und Fette werden in unserem Körper zu CO_2 und H_2O „verbrannt"; nie hat jemand bei dieser Verbrennung ein Feuer gesehen. So ist auch die Übernahme des Wortes „Schlacke" in unseren medizinischen Sprachschatz zu verstehen. Man wollte die *eliminationspflichtigen Zwischenprodukte und Endprodukte des Stoffwechsels summarisch* kennzeichnen. In diesem Sinne sind all die Substanzen zu diskutieren, die beim ständigen Abbau und Umbau in unserem Körper entstehen — beim ständigen „Wechsel der Stoffe".

1. Bei der *bakteriellen Zersetzung unverdauter Nahrungsstoffe* entstehen Phenole, Indole, aromatische und aliphatische Amine, Polyamine wie Kadaverin und Putreszin, Nitrosamine, Formaldehyd aus Methanol, hochmolekulare Alkohole, die sog. Fuselöle, und andere, noch unbekannte Substanzen. Diese Stoffe sind zum großen Teil cytotoxisch, hepatotoxisch, hämatotoxisch, immunotoxisch, neurotoxisch, mutagen, damit carcinogen bzw. cocarcinogen. Sie sind im gesamten Körperraum nachzuweisen und werden nach der Kinetik erster Ordnung (e-Funktion) — etwa wie Medikamente — aus dem Körper eliminiert, die Pharmakolo-

gen sagen „ausgewaschen“. Sie werden nicht abgelagert. Sie hinterlassen aber nach Maßgabe ihrer Toxizität langanhaltende Schäden an zellulären Strukturen und an biochemischen Funktionssystemen.

Hier sind die Vokabeln *Vergiftung* und *Entgiftung, Intoxikation* und *Detoxikation* angebracht, nicht die Worte Verschlackung und Entschlakkung. Diätetisch-therapeutische Aufgabe ist es, diese Stoffe erst gar nicht entstehen zu lassen.

2. *Physiologische Stoffwechsel-Zwischenprodukte* werden in zu großer Menge gebildet, können nicht weitergeschleust und abgebaut werden, können nicht aus dem Körper eliminiert werden. Einige Beispiele:
   a) Bei der Arteriosklerose produzieren die Myocyten der Arterienwand — multipotente Mesenchymzellen — in Muskularis und Intima überreichlich Kollagen, Proteoglykane, saure Mucopolysaccharide. Die Gefäßwandzellen werden von ihren eigenen Stoffwechselprodukten ummauert; die Gefäßwand sintert zu. Perfundierende Lipoproteine und schwerlösliche Calcium-Komplexsalze bleiben hängen. Die *Arterienwand „verschlackt“.*
   b) *Überreichlich zugeführte Nahrung,* insbesondere Nahrungseiweiße tragen dazu bei, daß es zur Einlagerung von Kollagen und Proteoglykanen in die Basalmembran der Kapillaren und in den Interstitialraum kommt. Der Stoffaustausch auf dieser Transitstrecke zwischen Blut und Zelle — der Zustrom von Nährstoffen wie auch der Abstrom von Stoffwechsel-Endprodukten — wird zunehmend erschwert. Das *Interstitium „verschlackt“.*
   c) Der Muskel pumpt *Stoffwechsel-Endprodukte* — nach Maßgabe eines steilen Druckgradienten — durch lange Saftspalten in die Sehnen und Sehnenansätze, in die Bänderhülle der Gelenke, damit auch in die innen aufliegende Synovialis und in die Synovia. Von der Qualität der Gelenkflüssigkeit hängt aber die trophische Versorgung des Gelenkknorpels ab. Am Beginn der Arthrose steht — neben der Fehlbelastung des Gelenkes — die *„Einschlackung“* in den Weichteil-Mantel, in den Nährmantel des Gelenkes.
   d) Kohlenhydrate und Fette werden zu Kohlensäure und Wasser abgebaut. Kohlensäure wird abgeatmet; Wasser wird über die Nieren ausgeschieden. Die *Endprodukte des Eiweiß-Abbaus* dagegen sind toxisch. Die Leber macht die anfallenden Substanzen z. T. wasserlöslich und damit nierengängig — etwa Ammoniak, das zu Harnstoff verarbeitet wird. Die wichtigsten physiologischen Eiweißabbauprodukte — Stoffe von hoher Toxizität — kennen wir noch gar nicht. Bei Nierenin-

suffizienz steigt ihr Pegel an; wir sprechen dann von Urämie-Giften. Mit der künstlichen Niere werden sie ausgewaschen. An ihrer Existenz zweifelt niemand. Diskutiert wurden die sog. Mittel-Moleküle mit einem Molekulargewicht von 500 bis 5000 Dalton. Neuerdings sind andere Stoffgruppen im Gespräch. Jedenfalls handelt es sich um Endprodukte des Eiweiß-Stoffwechsels, die auch von jedem Gesunden laufend ausgeschieden werden müssen, die aber bei hoher Konzentration zur Schädigung sämtlicher Organ- und Zellsysteme führen. Die Nephrologen sprechen von Toxinen, von Schlacken.

3. Alle *protoplasmatischen zellulären Strukturen* unseres Körpers werden innerhalb weniger Tage abgebaut, ausgetauscht, erneuert. Ein ständiges Streben und Neuwerden, ein ständiges Altern und Regenerieren. Die Endprodukte dieses „Wechsels der Stoffe" müssen entgiftet und ausgeschieden werden. Wie zahllose wissenschaftliche Studien und experimentielle Daten gezeigt haben, werden physiologischerweise nur gealterte Proteine, gealterte Zellen, gealterte Individuen diesem Austausch unterzogen — nach Maßgabe der biologischen Halbwertzeit bzw. der mittleren Lebenserwartung.

   Dagegen werden kranke Individuen und pathologisch veränderte Zellen und Teilstrukturen schon zu einem früheren Zeitpunkt in diesen Austausch einbezogen. Dieser auslesende Erneuerungsprozeß läuft ununterbrochen in uns ab — in seiner Intensität weitgehend unabhängig von diätetischen Einflußnahmen. Therapeutisch können wir aber die Voraussetzungen für einen qualitativ besseren Neuaufbau schaffen — durch angemessenes Nahrungsangbot und durch optimale Aufschließung im Verdauungstrakt. Im Darm dürfen keine bakteriellen Zersetzungsstoffe gebildet und in den „intermediären Stoffwechsel-Raum" eingeschleust werden.

Mein Fazit. Der medikamentöse Therapeut - vorwiegend am Symptom orientiert — schreibt ein Rezept. Eine detaillierte Erörterung der pathogenetischen Hintergründe ist in der Regel nicht notwendig. Anders der Physio-Therapeut. Er gibt Rat, gibt Empfehlungen. Der Patient ist es, der hier das Richtige zu tun und das Falsche zu lassen hat. Dazu muß er motiviert werden. Der Arzt muß ihm die physiologischen Zusammenhänge in möglichst schlichter und knapper Form „klar machen". Der Patient muß sich „ein Bild machen können" — von dem, was nun zu tun ist.

Und für diese Aufgabe braucht der Arzt einfache, verständliche Bilder und Vokabeln — aus der Erfahrungswelt des Patienten. So wie es die naturwissenschaftliche Medizin, wie es Kliniker und Theoretiker auch immer gepflegt haben — schon der eigenen Verständigung zuliebe. Beispiele gibt es zur Genüge. Mit wissenschaftlichen, meist dann lateinischen Formulierungen, helfen wir dem Patienten nicht; wir verwirren ihn nur und verunsichern ihn.

Wir dürfen und müssen dem Patienten sagen — und dabei können wir uns auf handfeste physiologische und pathophysiologische Fakten stützen: Die *„Vergiftung vom Darm"* muß abgestellt werden; eine weitere *„Verschlackung"* der Geweberäume, der Gefäßwände, des Muskel-, Sehnen- und Band-Apparates muß verhindert werden; die *„Entschlackung"*, die *Ausschleusung* von Stoffwechselprodukten aus den Geweberäumen, aus dem Körper, muß gefördert werden."

6. Die Lunge als Regulator

Nach der Formel

$NaHCO_3 + HCl = NaCl + CO_2 + H_2O$

wird die Säure mit Bicarbonat gepuffert, aber mit jedem saurem Ion, das so den Körper verläßt, wird zugleich ein pufferndes Basenmolekül verbraucht. Es bleibt also unter forcierter Atmung zwar der pH-Wert relativ konstant, die Pufferkapazität wird jedoch rapide absinken. Beim Sportler wird dies sehr wichtig: Mit dem Absinken der Pufferkapazität erlahmt schließlich auch die Fähigkeit, die lokale Milchsäure-Azidose auszugleichen.

Abschließend sollen auch noch die *Notventile des Körpers* erwähnt werden, über die ebenfalls Säurevalenzen ausgeschieden werden können: Genitalschleimhaut mit dem Symptom chronischer Flour vaginalis, Talgdrüsen, Tränendrüsen mit brennender Tränenflüssigkeit.

7. Die Leber als biochemisches Zentrum

Das Organ Leber wurde bereits den basophilen Organen Leber — Gallenblase — Pankreas — Brunnersche Drüsen des Dünndarms zugeordnet.

Häussinger, Steeb und *Gerok* haben in der Klin. Wochenschr. 68 (1990) 175—182 die Arbeit *Ammonium und Bicarbonat — Homöostase bei chronischen Lebererkankungen* veröffentlicht.

Die Autoren berichten, daß neben den klassischen Organen der Säure-Basen-Regulation Lunge und Niere auch die *Leber* ein *wichtiges Organ der systemischen pH-Regulation* darstellt. Die Harnstoffsynthese ist ein wichtiger Bicarbonat-verbrauchender Prozeß, der wiederum der Rückkopplung durch den Säure-Basen-Haushalt unterliegt. Die renale Ammoniakproduktion und ihre direkte Bicarbonat-Produktion kann als eine pH-kontrollierte Gegenregulation zur Ammonium-Homöostase angesehen werden.

Bei einer Patientengruppe mit normaler Nierenfunktion, aber noch gut kompensierter Leberfunktion, fanden die Autoren heraus, daß es mit Abnahme der Kapazität des Harnstoffzyklus zu einer Zunahme des Plasmabicarbonatspiegels und einer zunehmenden NH_4^+-Ausscheidung im Urin kommt. Die Autoren folgern daraus, daß die Leber eine Rolle im Säure-Basen-Haushalt erfüllt. Eine Erhöhung des Bicarbonatspiegels im Serum ergibt sich aus einem verminderten hepatischen Bicarbonatverbrauch, wenn die Kapazität des Harnstoffzyklus erniedrigt ist. Die Ammoniak-Homöostase wird dann durch die Niere über eine erhöhte NH_4^+-Ausscheidung im Urin erhalten, obwohl pH-mäßig eine Alkalose vorliegt.

Die Autoren meinen, daß sich aus den veröffentlichten Daten und einem besseren Verständnis der Rolle der Leber in der pH-Regulation bald therapeutische Konsequenzen ergeben werden.

Die Meßtechnik nach Jörgensen

Es werden folgende Werte erfaßt:

1. pH-Wert des Blutes	pHB	Normalwert: 7,35—7,50
2. Pufferkapazität Blut	PB	Normalwert: 47—56 mmol/l
3. Pufferkapazität Plasma	PPL	Normalwert: 27—36 mmol/l
4. Intrazellulärpuffer	IZP	Normalwert: › 20 mmol/l
5. Basenüberschuß	BE	Normalwert: bei 28 mmol/l

Aussagemöglichkeiten:

1. *pH-Wert des Blutes <pHB>*

Der Wert des Vollblutes soll im Normbereich zwischen 7,35 und 7,50 sein. Dieser Wert kann jedoch starken Schwankungen unterliegen, z. B. nach dem Essen, nach Anstrengungen. Die Konstanthaltung geschieht zu Lasten anderer Mechanismen. Der pH-Wert des Blutes allein läßt keine Aussage über eine Gewebeazidität zu. Der pH-Wert des Plasmas ist bedeutungslos, er spielt nur eine Rolle innerhalb der Meßserie.

2. *Pufferkapazität Blut <PB>*

Der Normbereich liegt zwischen 47—56 mmol/Liter. Diese Werte werden selten erreicht, was für eine Säurebelasung des Organismus spricht. Sie ist primär entscheidend zur Aufrechterhaltung des pH-Wertes des Blutes und ist die erste Pufferstation der ins Blut gelangenden sauren Valenzen. Es besteht ein direkter Zusammenhang zum Hämoglobin, da der Hämoglobinatpuffer 35% des Puffersystems des Blutes ausmacht. Zur Beurteilung der gemessenen Werte ist deshalb auch der Hämoglobingehalt zu messen und zu berücksichtigen. Aus dem Hämoglobinwert ist kein Rückschluß auf die Pufferkapazität zulässig. Bei einer Polyglobulie bestehen zwar meist hohe Pufferreserven im Blut, ein Absinken weist aber auf eine bedrohliche Säurebelastung hin.

3. *Pufferkapazität Plasma <PPL>*

Der Normbereich liegt zwischen 27—36 mmol/Liter. Auch diese Werte werden heute sehr selten erreicht. Das Absinken der Normalwerte weist ebenfalls auf einen großen Basenmangel hin. Sie ist meßtechnisch wichtig, weil sie eine Aussage über die IZP ermöglicht.

4. *Intrazellulärpuffer <IZP>*

Der Normbereich soll >20 mmol/Liter sein. Er wird berechnet aus der Differenz Pufferkapazität Blut minus Pufferkapazität Plasma. Er ermöglicht einen Rückschluß auf den Säurezustand der Gewebe (siehe unten).

5. Basenüberschuß <BE>

Der Basenüberschuß, oder Base-Excess, gibt den freien Überschuß an Basen an. Die Idealgrenze liegt bei dieser Meßmethode bei 28 mmol/Liter, er wird errechnet: 28 minus Pufferkapazität Plasma. Der Wert ist dann vergleichbar mit den Meßwerten des Base-Excess aus den Automaten der Klinik. Analog der Werte der Pufferkapazität Plasma <PPL> ist ein Normalwert oder ein positiver Wert nur äußerst selten zu finden.

Intrazelluläre Azidose

Eine Sonderform der Azidosen stellt die intrazelluläre Azidose dar. Aufgrund der besonderen Bedeutung muß ausführlich auf sie eingegangen werden.

Es wird unterschieden zwischen der *Blut- und der Gewebeübersäuerung.* Das Blut selbst stellt aber auch schon ein Gewebe mit den Blutkörperchen dar. Die *Unterscheidungsgrenze* ist die *Zellmembran.* Es muß also logischerweise zwischen Intra- und Extrazellulärazidose unterschieden werden.

Durch das Meßverfahren nach *Jörgensen* läßt sich der Wert der Intrazellulärazidität leicht darstellen, und zwar durch die Differenz zwischen Vollblut- und Plasmapufferkapazität, wobei die Differenz die ausgeschiedenen Erythrozyten darstellt.

Jörgensen schreibt zur *Bedeutung der Intrazellulärazidität* [9]:

„Eine intrazelluläre Übersäuerung ist das Schlimmste, was uns passieren kann. Die sauren Valenzen, die sich in der Zelle versteckt halten, entgehen nicht nur der Meßsonde des Arztes, sie werden auch von der Niere nicht erkannt und mithin nicht ausgeschieden. Dieses Versteckspiel hat zu Irrtümern, Rätselraten und Mißverständnissen ohne Ende geführt. Ist denn nun beim Krebs das Blut sauer oder alkalisch, und wie ist es beim Kaliummangel? Und ist der böse Feind nun die Säure oder die Base?

Wenn man sich vor Augen hält, daß bisherige pH-Messungen immer nur den Extrazellulärraum erfaßten, wird die Antwort einfach. Die ins Blut getauchte Meßsonde bleibt ja im Plasma, sie dringt nicht in die Zelle ein. Wandern also, z. B. bedingt durch einen Kaliummangel, die H^+-Ionen vom Plasma in die Zelle, dann ergibt eine Plasmamessung einen Trend zur Alkalose, obwohl doch das Innere der Zelle übersäuert ist. Daher rühren die unterschiedlichen Thesen bei der Krebsfrage und beim Kaliummangel.

Es ist ganz klar und inzwischen auch unstrittig belegt: Die intrazelluläre Übersäuerung ist das Übel. Und wenn man sich vor Augen hält, wie pH-abhängig alle enzymatisch gesteuerten Stoffwechselreaktionen sind, dann ist die Brücke zu den *Warburg*schen und *Seeger*schen Erkenntnissen geschlagen. Wir haben noch nicht den Hauch einer Vorstellung, wieviele chronische Krankheiten möglicherweise hier ihren Ausgang nehmen.

Als gesichert kann die These von *Kern* angesehen werden, daß übersäuerte Zellen strukturstarr werden. Das bedeutet, daß so erstarrte Erythrozyten in ihrer Beweglichkeit beeinträchtigt sind. Die Fließfähigkeit des Blutes wird schlechter, Durchblutungsstörungen verschlimmern sich, es kommt infolge anaerober Energieerzeugung zur Verstärkung der lokalen Azidose, die Zellstarre nimmt weiter zu ... ein Teufelskreis, der im Infarkt enden kann.

Die Niere läßt sich genauso leicht übertölpeln, wie die Meßsonde des Arztes. Auch sie erkennt die intrazellulär verborgenen H^+-Ionen nicht und scheidet sie auch nicht aus. Selbst extrazelluläre Säure kann der Niere Probleme bereiten, dann nämlich, wenn diese nicht hinreichend über das Ferment Carboanhydrase verfügt. Die Carboanhydrase ist notwendig, damit die Niere H^+-Ionen aus der H_2CO_3-Verbindung herauslösen und eliminieren kann. Die Carboanhydrase ist ein zinkhaltiges Ferment, und es kommt immer dann zu Störungen, wenn Zink im Blut fehlt oder wenn die Carboanhydrase durch bestimmte Diuretika gehemmt wird."

Unser ständiges Bemühen muß deshalb sein, soweit als möglich das Normalstadium zu erreichen. Auch wenn es nicht mehr möglich sein wird, die Speicher vollständig zu entleeren, so soll doch versucht werden, im fließenden Blut ständig das Gleichgewicht einigermaßen zu halten.

Technik der Messung

Erforderlich sind 5—10 ml Venenblut, möglichst nüchtern, ohne vorangegange körperliche Anstrengung und ohne große Stauung entnommen. Das Blut wird leicht heparinisiert. 1 ml wird zur Messung in ein spitzes Zentrifugenglas gegeben, der Rest zur Plasmagewinnung zentrifugiert. Mit einem ph-Meter und einer Halbmikro-Einstabglaselektrode (Verwendung des Gerätes: pH-Meter NAM 2001 der Firma NAM Neukönigsförder Arzneimittel GmbH, 2907 Großenkneten, Moorbeker Str. 35) ist sofort der aktuelle pH-Wert des Vollblutes zu messen. Danach gibt man mit einer Mikroliterpipette 5—6 mal nacheinander 0,1 ml der Titrierlösung (0,1 n HCl) hinzu. Die nach jeder Zugabe gemessenen pH-Werte trägt man in ein Nomogramm (Abb. 3) auf. Am Schnittpunkt der darauf entstehenden Meßkurve mit der Abszisse bei pH 6,1 läßt sich die Pufferkapazität in mmol/L ablesen.

Unter Berücksichtigung des Abzugs für die ursprünglich vorhandenen Säurevalenzen und des Zuschlags für desoxygeniertes Hämoglobin ergibt sich der schon erwähnte Normalwert für die Pufferkapazität des Blutes.

Name Frau Muster | Dat. 20. 2. 84

Ausgangs-wert	Titration —1—	Titr. —2—	Titr. —3—	Titr. —4—	Titr. —5—	Titr. —6—	Titr. —7—	Titr. —8—	Puffer-kapazität	Mat.
7,40	7,15	6,91	6,67	6,43	6,13	5,81			51	Voll-blut
7,48	6,98	6,56	6,13	5,71					31	Plas-ma

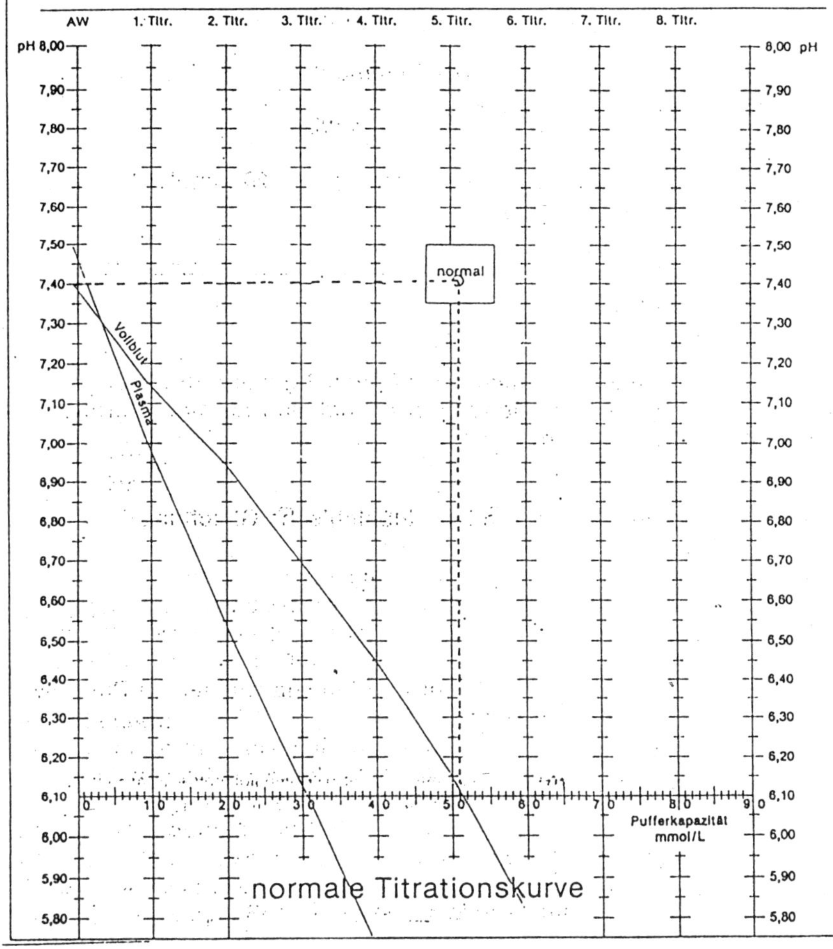

Abb. 3

Ein Koordinatenpunkt aus Pufferkapazität und Ausgangs-pH in Abb. 4 projiziert, zeigt den Charakter einer Säure-Basen-Störung an.

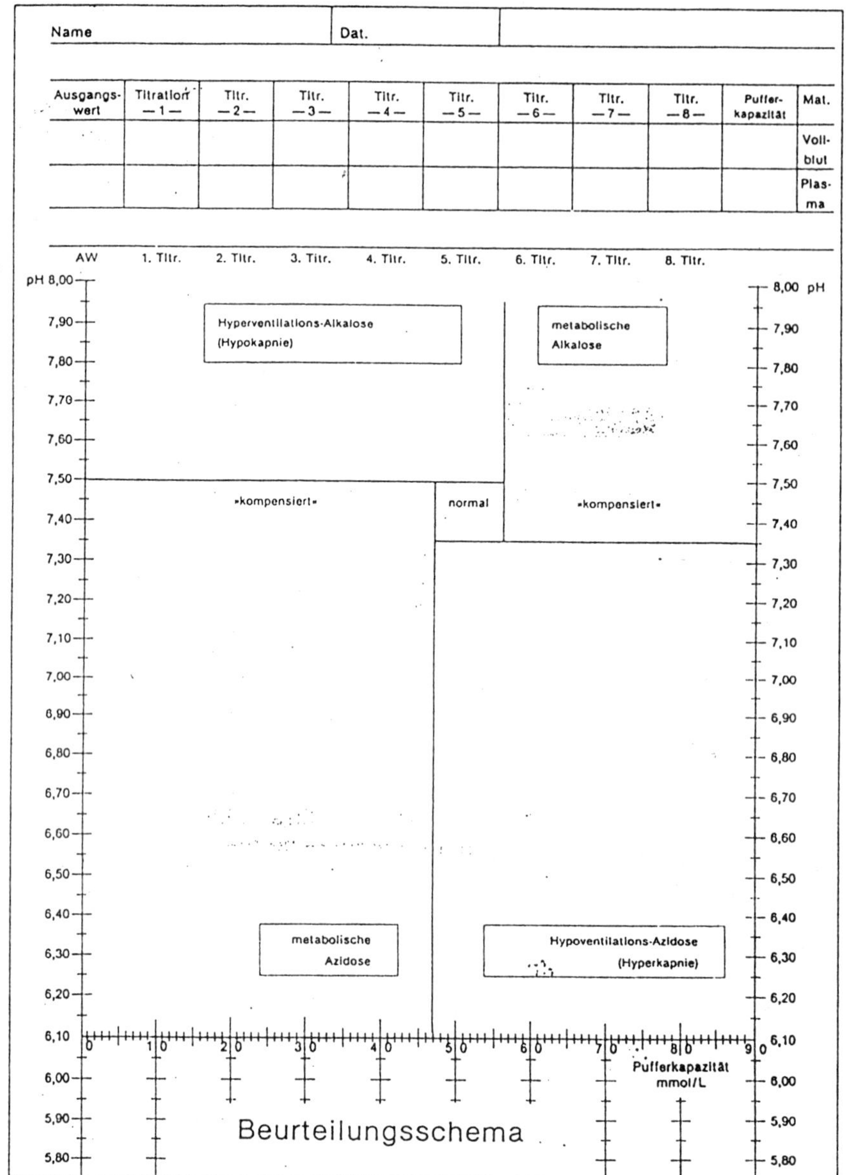

Abb. 4

Die gleiche Meßreihe wird mit 1 ml Plasma wiederholt. Der Ausgangs-pH ist ohne Bedeutung, weil zwischenzeitlich erhebliche CO_2-Mengen entwichen sind.

Der Unterschied zwischen Vollblut und Plasma sollte nicht weniger als 20 mmol/L betragen. *Ein Vergleich dieser beiden Werte läßt bei hoher Plasma- und niedriger Vollblutkapazität eine vorwiegend intrazellulär verlaufende Azidose erkennen,* wie sie beim Kaliummangel auftritt. Da bei diesem Verfahren stellvertretend für den gesamten Intrazellulärraum die Erythrozyten gemessen werden, kann ein Hämoglobinmangel ein ähnliches Bild ergeben, was sich durch eine Hb-Bestimmung schnell abklären läßt.

Abb. 5 und 6 zeigen den Einfluß primär respiratorischer oder metabolischer Störungen auf die Lage des Koordinatenpunkts und machen zugleich deutlich, daß die sogenannte „Kompensation" lediglich den pH-Wert im Normbereich hält, diese jedoch unter Verschlechterung der Pufferbasensituation. Die Abatmung von H^+-Ionen nach der Formel

$$+ H^+ + HCO_3^- \longleftrightarrow H_2CO_3 \longleftrightarrow CO_2 + H_2O$$

eliminiert nicht nur ein H+-Ion, sondern nimmt jedes Mal ein Bicarbonatmolekül mit und vergrößert so den Pufferbasenmangel. Die respiratorische Alkalose zeigt mithin das paradoxe Bild einer Alkalose mit Basenmangel, die respiratorische Azidose hat einen Basenüberschuß. Darum können pH-Messungen allein ohne gleichzeitige Bestimmung der Basensituation auch nie diagnostische Bedeutung erlangen oder gar wegweisend für therapeutisches Vorgehen sein.

Der *Zeitbedarf* für eine Untersuchungsreihe beträgt etwa 10 Min.

Technischer Bedarf: pH-Meter mit Glasstabelektrode, Mikroliterpipetten, Wasserbad, Spitzgläser, Reagenzglasständer, Titrierlösung, Heparin.

Entscheidend ist auch die regelmäßige Pflege und Säuberung der Glaselektrode, da sich sonst völlig verschobene Meßwerte ergeben können.

Wie auf den Abbildungen ersichtlich, bilden die Meßpunkte eine Gerade. Ihr gerader Verlauf stellt erfahrungsgemäß ein Qualitätsmerkmal dar, da dann eine exakte Meßserie erfolgt ist.

Fehlerquellen sind eine nicht völlige Vermischung der Titrierlösung mit Blut oder Plasma, Reste am Zentrifugenglas oder zu frühes Ablesen, bevor sich der pH-Wert eingependelt hat.

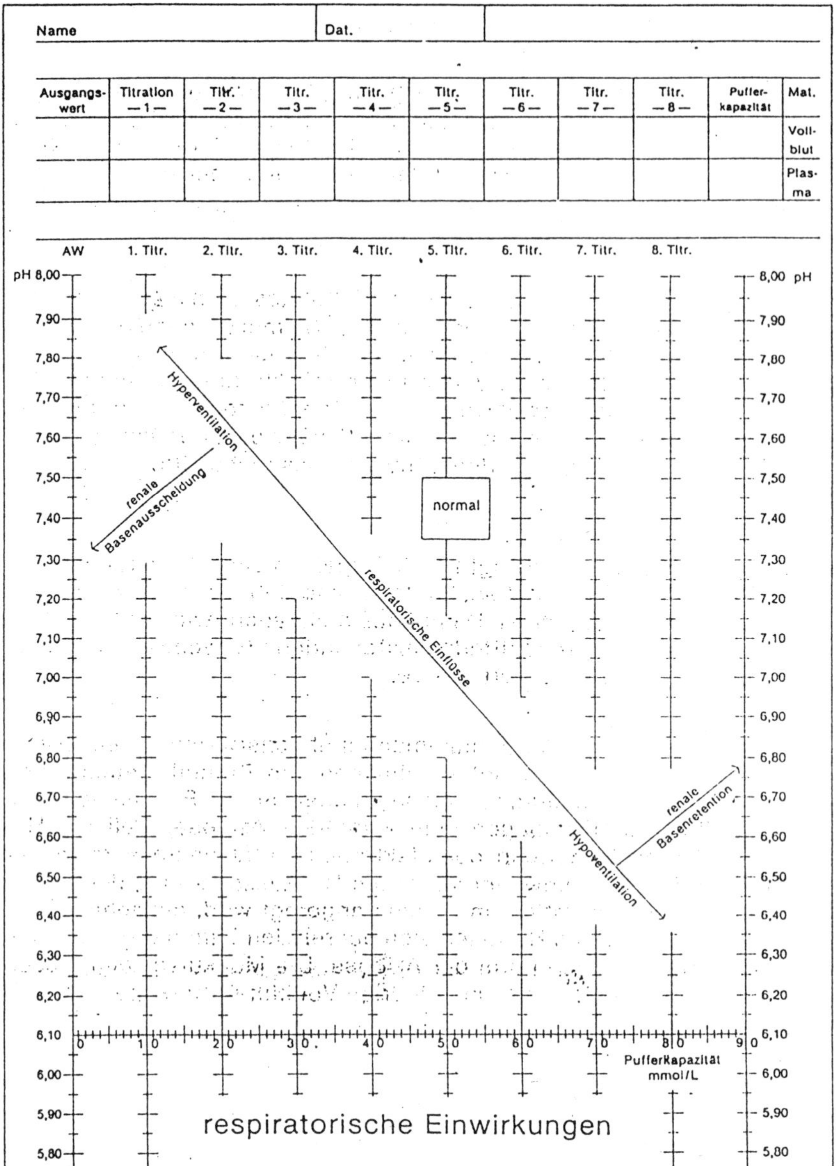

Name
Dat.
Ausgangswert
Titration —1—
Titr. —2—
Titr. —3—
Titr. —4—
Titr. —5—
Titr. —6—
Titr. —7—
Titr. —8—
Pufferkapazität
Mat.
Vollblut
Plasma
AW
1. Titr.
2. Titr.
3. Titr.
4. Titr.
5. Titr.
6. Titr.
7. Titr.
8. Titr.
pH 8,00
7,90
7,80
7,70
7,60
7,50
7,40
7,30
7,20
7,10
7,00
6,90
6,80
6,70
6,60
6,50
6,40
6,30
6,20
6,10
6,00
5,90
5,80
8,00 pH
Hyperventilation
renale Basenausscheidung
normal
respiratorische Einflüsse
Hypoventilation
renale Basenretention
Pufferkapazität mmol/L
respiratorische Einwirkungen

Abb. 5

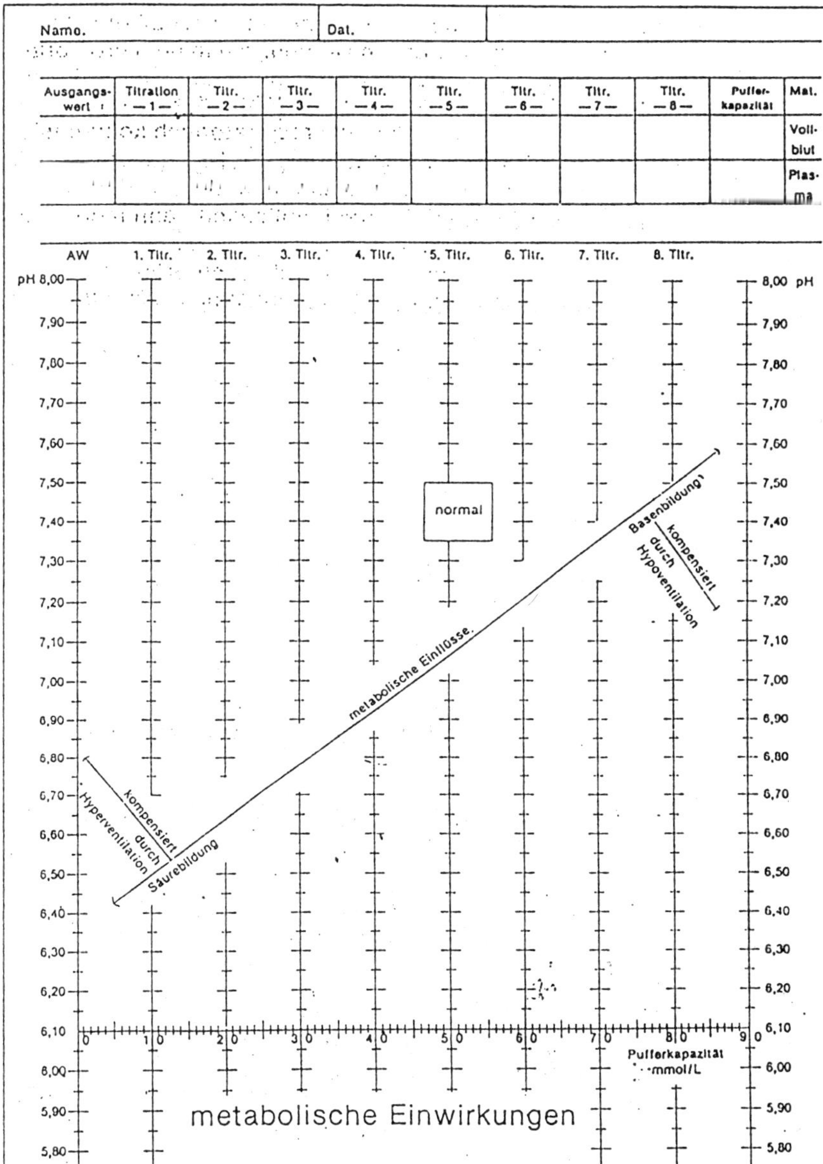
Name.
Dat.
Ausgangswert
Titration — 1 —
Titr. — 2 —
Titr. — 3 —
Titr. — 4 —
Titr. — 5 —
Titr. — 6 —
Titr. — 7 —
Titr. — 8 —
Pufferkapazität
Mat.
Vollblut
Plasma
AW
1. Titr.
2. Titr.
3. Titr.
4. Titr.
5. Titr.
6. Titr.
7. Titr.
8. Titr.
pH 8,00
7,90
7,80
7,70
7,60
7,50
7,40
7,30
7,20
7,10
7,00
6,90
6,80
6,70
6,60
6,50
6,40
6,30
6,20
6,10
6,00
5,90
5,80
8,00 pH
normal
Basenbildung
kompensiert durch Hypoventilation
metabolische Einflüsse
kompensiert durch Hyperventilation
Säurebildung
0
10
20
30
40
50
60
70
80
90
Pufferkapazität mmol/L
metabolische Einwirkungen

Abb. 6

Klinische Beispiele der chronischen Azidose

Quer durch die Allgemeinmedizin sollen anhand von Patientenbeispielen die Auswirkungen der Azidose auf verschiedene Erkrankungen erläutert werden. Die sogenannten Normalwerte der Vollblut- und der Plasmapufferung ließen sich bei der Zahl der Messungen (ca. 2000) nur selten finden!

Es fanden sich bei unseren Untersuchungen nicht immer hochpatholgische Werte, obwohl nach der klinischen Untersuchung und den Kennzeichen der Humoraldiagnostik Säurezeichen deutlich zu erkennen waren.

Hier zeigt sich die große Variationsbreite der Pufferreserven, es zeigt aber auch, daß das Transportsystem Blut einer ständigen Veränderung unterliegt. Finden sich aber deutlich pathologische Werte, so sprechen diese für eine subklinische oder bereits vorhandene Krankheit.

Bei den Messungen war der Basenüberschuß (Base-Excess) immer negativ mit Werten von −4 bis −10. Dies ist üblich. Bei den Beispielen liegt aber meist zusätzlich eine intrazelluläre Azidose vor, die noch weitaus schlimmer zu bewerten ist.

Oft sind in den Beispielen natürlich Verknüpfungen von verschiedenen Krankheiten gegeben, wobei zu verschiedenen Zeiten das eine oder andere Organ Probleme bereitet.

Beispielsweise kann ein Patient über die Jahre hinweg folgende Säurekrankheiten haben: chronische Bronchitis, Weichteilrheuma, Herzbeschwerden und wieder ein akuter Schub einer chronischen Bronchitis.

F. X. Mayr zeigt in seinem Buch „Die verhängnisvollste Frage“ Patientenbeispiele auf. Diese Beispiele sind fast identisch mit meinen Patientenbeispielen. *F. X. Mayr* sprach schon zu seiner Karlsbader Zeit (1920–1936) *„von dem großen Bauch als Quelle der Säure im Blut“* [22], obwohl die Meßmethodik damals ungleich komplizierter war. Heutige Messungen bestätigen jetzt eindrucksvoll das *Mayr*sche Gedankengut im wissenschaftlichen Sinne.

1. Erkrankungen des Magen-Darm-Trakts

Die Krankheiten chronische Gastritis, Magen- und Zwölffingerdarmgeschwür, Reizdarm, funktionelle Magen- und Darmbeschwerden haben sich zu Problemkrankheiten entwickelt. Selbst Therapeutika der klassischen Medizin bringen nur Scheinerfolge. Es werden deshalb charakteristische Fälle dargestellt, die durch Ausgleich des Säure-Basen-Haushalts erfolgreich behandelt werden konnten.

Fall 1: Kauffrau, 48, vor 3 Jahren ein Magengeschwür, jetzt wieder ein Rezidiv.
Die *Messung des Säure-Basen-Haushaltes* (SBH) ergibt:

pHB	7,50	(Normwert: 7,35—7,50)
PB	38,0	(Normwert: 47—56 mmol/L)
PPL	25,0	(Normwert: 27—36 mmol/L)
IZP	13,0	(Normwert: >20 mmol/L)
BE	–3,0	(Normwert: bei 28 mmol/L)

Therapie: Basenpulver (Alkala), Diätführung, Neukönigsförder Mineraltabletten
Kontrollmessung: pHB 7,45; PB 43,0; PPL 22,0; IZP 21,0; BE -6,0. Normalisiert haben sich PB und besonders IZP, dagegen ist das Absinken des BE nicht so schwerwiegend.
Ergebnis:
In kurzer Zeit frei von Magenbeschwerden und Stabilisierung des AZ. Langfristig ist eine weitere Normalisierung des SBH anzustreben.

Fall 2: Hausfrau, 34, Vegetarierin. Patientin war vor einigen Jahren in Indien, dort schwere Darmentzündung durchgemacht, seither große Schwäche, chron.-rez. Durchfälle.
Messung des Säure-Basen-Haushaltes: Juni 87: pHB 7,48; PB 36,0; PPL 20,0; IZP 16,0; BE -8,0
Therapie: Basengabe mit Alkala, Diätführung (vermehrt Milchprodukte), Mineraltabletten, anfangs auch Mineralstoffinfusionen. Allmählich nachlassende Durchfälle, Verbesserung des Bauchs nach Mayr, Eintritt einer Schwangerschaft, nach zuvor lange unerfülltem Kinderwunsch.
Zwischenunterusuchung Oktober 87: pHB 7,60; PB 41,0; PPL 22,0; IZP 19,0; BE -6,0
Abschlußuntersuchung Februar 1989: pHB 7,46; PB 47,0; PPL 26,0; IZP 21,0; BE -7,0. Entscheidend ist die weitere Besserung des PB, PPL und IZP.

Fall 3: Hausfrau, 33, M. Crohn, kam im Januar 89 kurz nach Krankenhausbehandlung, lehnt die Einnahme „harter Medikamente" ab.
Messung des Säure-Basen-Haushaltes: Jan. 89: pHB 7,49; PB 42,0; PPL 26,0; IZP 16,0; BE -2,0.
Therapie: Basenpulver, Diätführung, später Mutaflor Kps. und in verminderter Dosierung Azulfidine. Trotz psychischer Belastung ergab sich eine erfreuliche Besserung dieser sonst hartnäckigen Krankheit.
Kontrollmessung: Juni 90: pHB 7,45; PB 42,0; PPL 22,0; IZP 20,0; BE -6,0. Auf den ersten Blick scheinen PPL und BE schlechter geworden zu sein, entscheidend ist jedoch die Verbesserung des IZP von 16 auf 20. Auf die Wichtigkeit einer Verbesserung der intrazellulären Azidose muß hier nochmals hingewiesen werden.

Diese Fallauswahl hat das Behandlungsspektrum mit Diät und Gabe von Basenmedikamenten dargestellt. Allein dieses Therapiekonzept kann auch bei hartnäckigen Erkrankungen eine Besserung erreichen.

Bemerkungen zu H2-Blockern:

Als Soforttherapie kann es in einzelnen Fällen notwendig sein, H2-Blokker zu verordnen, um schneller Schmerzfreiheit bei nachgewiesenen Magengeschwüren zu ermöglichen.

Diese Substanzen blockieren zu einem hohen Prozentsatz die Ausschüttung von Salzsäure in das freie Magenlumen. Es werden zwar die dadurch bedingten Säureschmerzen vermindert, aber sie therapieren am Grundübel der Magenerkrankung vorbei. Denn neben Salzsäureproduktion ist es eben die Bicarbonatproduktion, die die Belegzellen erfüllen müssen, um die basophilen Organe entsprechend versorgen zu können. Hervorzuheben ist: Fehlende basische Valenzen können im Organismus niemals selbst erzeugt werden, sondern müssen immer von außen zugeführt werden.

Es ist natürlich schwieriger, einen Patienten diätisch umzustellen und ihm die Grundzüge des Säure-Basen-Haushalts klarzumachen, als ihm lediglich aufzutragen, 1x am Tag 1 Tablette eines H2-Blockers zu nehmen. Ändert der Patient aber bei Magen-Darm-Beschwerden seine Ernährungs- und Lebensweise nicht, können zwar H2-Blocker die Schmerzen immer wieder unterdrücken, aber die Übersäuerung bleibt unverändert bestehen.

Ein bekannter deutscher Professor hat auf einer Gastroenterologietagung folgenden Satz geprägt: „Jeder Gastroenterologe hat in seiner Jackentasche einen H2-Blocker — ich auch — für allfällige Säurebeschwerden."

Inzwischen gibt es bereits kritische Stimmen zur Therapie der Refluxösophagitis mit starken Säureblockern, da eine Karzinogenese forciert werden kann (Interview Prof. *Ottenjann* in Fortschr. Med. 22, (1990).

Viel besser und tiefgreifender wäre statt eines H2-Blockers ein Basenpulver, aber dies ist in seiner weitreichenden und prompten Wirkung noch unbekannt.

Zur Wirkung des Basenpulvers ist folgendes festzuhalten: Man muß nur einmal erlebt haben, wie sofort nach Einnahme ein wohltuendes Magengefühl beschrieben wird, und gleichzeitig Leben in einen verkrampften und bis dahin stillen Bauch kommt.

Historisch ist ein Wort von *Schwarz* interessant, der 1910 in seiner Arbeit „über penetrierende Magen- und Jejunalgeschwüre" schreibt [43]: „Dieser sofortige frappierende Erfolg der Gastroenterostomie ist wohl das schlagendste Experiment zu Gunsten der Gastroenterostomie. Es erinnert wirklich in der Sicherheit des Effektes an die Neutralisierung einer Säure in einer Eprouvette durch ein hinzugesetzes Alkali, an die Tilgung des Sodbrennes durch Soda oder Magnesia."

Die *Entstehung der chronischen Durchfälle* ist aus biologischer Sicht zunächst durch örtliche Blockaden der Darmschleimhaut aufgrund des Säureüberschusses zu erklären. Eine Normalisierung kann durch Diät wieder erreicht werden. Kommt es jedoch zu rezidivierenden Attacken, oder treten neue Noxen hinzu, so kommt es im Laufe der Zeit zu irreversiblen Schädigungen der Darmschleimhaut.

Die *habituelle Obstipation* ist ein großes Problem unserer Zeit. Es gibt aber auch eine Obstipation bei täglicher Stuhlentleerung. Normalerweise ist die Stuhlentleerung täglich, es kann aber sein, daß heute erst ausgeschieden wird, was vorgestern oder erst vor 3, 4, 5, 6 oder mehr Tagen gegessen wurde. Dadurch wird die Verweildauer der Nahrungsreste bzw. Stuhlmengen erhört und die Selbstvergiftung durch fortschreitende Gärung oder Fäulnis wesentlich verstärkt.

Die Mehrzahl der Patienten glaubt, Stuhlgang zu haben, heiße eine geregelte Verdauung zu haben und daher ganz gesund zu sein. Dies ist ein großer Irrglauben, auch Krebskranke haben oft einen geregelten Stuhlgang!

2. Lebererkrankungen

Die Leber gehört mit Gallenblase, Bauchspeicheldrüse und den Brunnerschen Drüsen des Dünndarms zu den basophilen Organen. Ein Absinken der Basenreserven wird auch eine Minderung der Organleistung zur Folge haben.

Fall 4: Bauarbeiter, 63, chronische enzymaktive Leberfunktionsstörung bei Fettleber, Adipositas, periphere arterielle Insuffizienz.
Messung des Säure-Basen-Haushaltes:
10. 01. 89: pHB 7,32; PB 33,5; PPL 18,0; IZP 15,5; BE -10,0
Labor: Hämoglobin 11,5 g%, y-GT 57 U/L, Harnsäure 12,6 mg%.
Therapie: Basenpulver (Alkala), Diätführung, Hepeel Tabl., Neukönigsförder Mineraltabletten. In der 1. Behandlungswoche 3 x 20 ml zusätzlich Natriumcarbonat 8,4 %. Der Pat. fühlte sich rasch frischer.
Kontrollmessung:
14. 03. 90: pHB 7,45; PB 45,0; PPL 20,0; IZP 25,0; BE -5,0
Labor: Hämoglobin 11,7 g%, y-GT 22 U/L, Harnsäure 8,5 mg%.

Die Besserung des Patienten wird durch die meßtechnische Besserung der Werte der Pufferkapazität im Blut und Plasma (einhergehend des Base-Excess) und des Intrazellulärpuffers bestätigt. Auffällig ist auch der Rückgang der Harnsäure.

Im allgemeinen war der Intrazellulärpuffer beim männlichen Geschlecht relativ selten im negativen Bereich. Jedoch besonders bei den Leberpatienten war dieser Pufferwert überdurchschnittlich oft im negativen Bereich zu finden. Diese Werte deuten dann auf große Säuredepots hin. Und mit der Entsäuerung kann die Leber besser entgiften.

3. Herz-Kreislauf-Erkrankungen

F. X. Mayr nennt in seinem Buch „Die verhängnisvollste Frage“ [22] das Beispiel eines Patienten mit Atemnot, Herzklopfen und Herzschmerzen. Er versichert ihm, daß durch Reinigung des Darms und dadurch Ausleitung der Säuren seine Gesundheit bald wieder hergestellt sei.

Ähnliches läßt sich in einer Allgemeinpraxis häufig finden. Es kann auch das Beispiel eines 47jährigen Landwirts vorangestellt werden. Dieser sagte bei der nächsten Konsultation nach einer Natriumbicarbonatinfusion (100 ml Natriumbicarbonat 8,4% + 400 ml NaCI-Lösung), daß er sich wie neugeboren gefühlt habe, aber nach Fleischgenuß habe das Herz wieder gedrückt.

Durch den Fleischgenuß (wie im Kapitel Ernährung erläutert) wurden wieder Säuren zugeführt, die zur Übersäuerung oder nur zur Rezidiv-Lokalazidose geführt haben.

In einer parenteralen Bicarbonatstudie konnte bei mehreren Herzpatienten eine ausgesprochen positive Wirkung beobachtet werden. Ein 61jähriger Patient wollte sogar von sich aus „seine Herzspritze" wieder haben. Hier wurde das Natriumbicarbonat eingesetzt, um eigentlich seine chronischen Wirbelsäulenbeschwerden zu bessern.

Fall 5: Landwirt, 57, Zustand nach Herzinfarkt 86, es bestehen zeitweise Angina-pectoris-Beschwerden.
Messung des Säure-Basen-Haushaltes:
26. 01. 89: pHB 7,50; PB 43,5; PPL 24,0; IZP 19,5; BE -4,0
Therapie: Alkala-Pulver 2 x 1 Teelöffel, Strodival mr 3 x 1 Kapsel, alle 2—3 Wochen eine intravenöse Injektion von 20 ml Natriumbicarbonat 8,4% und eine Ozoneigenblutinjektion.
Verlaufskontrolle:
11. 01. 90: pHB 7,44; PB 47,0; PPL 23,0; IZP 24,0; BE -5,0
Es ist zwar der Base-Excess um einen Punkt abgefallen, es hat sich jedoch die entscheidende intrazelluläre Azidose bessern lassen. Dem Patienten geht es dabei sehr gut.

Rhythmusstörungen ließen sich fast regelmäßig durch die *Behandlung im Säure-Basen-Gleichgewicht beheben.* Auffällig war dabei immer die *intrazelluläre Azidose.* Auf die Gefahr der Rhythmusstörungen weist auch *Krück* in *Siegenthaler* [47]: Klinische Pathophysiologie, hin. Der Autor betont die Verknüpfung mit der Verschiebung im Kaliumhaushalt.
Kern [12] gibt zum Problem der Herzerkrankungen die nötigen Erläuterungen. Die Herzbeschwerden mit ihren Symptomen sind stets organische Linksmyokardbeschwerden. Die zugrundeliegenden Schädigungen dafür können sein: Hypertonie, toxische Ursachen, übermäßige Sportbelastung in der Jugend. *Die Schädigungen allein machen aber noch keine Beschwerden, sie tun dies erst, wenn eine Säuerung, bzw. Übersäuerung hinzukommt.* Dabei kommt es durch die Säuerung zu einer fortschreitenden Verschlechterung, es treten dann erst die Symptome auf, im weiteren Verlauf kommt es zum Auftreten von Angina-pectoris-Anfällen, und als weitere Eskalation tritt ein Infarktgeschehen ein. Damit ist ein Infarkt eine biochemische Zerstörungskatastrophe größerer Myokardgebiete durch eine vorangehende intensive Übersäuerung.

Wendt [51] sieht jede Stauung im Körper als eine potentielle, wenn nicht gar reelle, lokalisierte Azidose an.
Jede Stauung bedeutet eine Verlangsamung des Säftestroms, dadurch verlangsamte Sauerstoffversorgung und Steigerung anaerober Prozesse, die zu sauren Endprodukten führen.

Andererseits bedeutet jede Stauung einen verlangsamten Abtransport der Stoffwechselschlacken, die überwiegend sauer sind.

Die *Azidose-Starre der Erythrozyten* tritt ein, wenn Erythrozyten in den Kapillaren durch übersäuerte Gewebe fließen. Und diese Azidosestarre der Erythrozyten ist als Urphänomen der Biopathologie zu sehen. Es erklärt den Linksmyokard-Durchblutungsstop, der dann zur Infarkt-Katastrophe führt.

Die Symptome der *zerebralen Insuffizienz* sind ebenso vielgestaltig wie die kardiale Beschwerdesymptomatik. *Kern* [13] und *Wendt* [52] sehen auch hier die zerebrale Lokalazidose als Auslöser. Hinzu kommt die Verschlimmerung durch die Azidose-Starre der Erythrozyten.

Fall 6: Hausfrau, 56, rez. Schwindelzustände, Müdigkeitszustände, wechselnde Gelenkbeschwerden.
Messung des Säure-Basen-Haushaltes:
16. 12. 88: pHB 7,49; PB 37,5; PPL 21,0; IZP 16,5; BE -7,0.
Therapie: Langzeitbehandlung mit Acidovert Tabletten, Diätführung.
Kontrollmessung:
04. 09. 89: pHB 7,43; PB 43,5; PPL 21,0; IZP 22,5; BE -7,0.
Es ist die Verbesserung der Pufferkapazität im Blut und die Normalisierung des Intrazellulärpuffers zu beobachten. Einhergehend damit war das Verschwinden der Schwindelzustände, der chronischen Müdigkeit und der Gelenkbeschwerden.

Dieser Fall steht stellvertretend für viele Patienten mit ähnlichen Symptomen, mit der allgemeinen Diagnose: *zerebrale Insuffizienz.* Eine Besserung im Sinne des Säure-Basen-Haushalts wird immer durch Zufuhr von basischen Substanzen zu erzielen sein, sei es oral oder parenteral, wobei naturgemäß durch eine Infusion eine schnellere Linderung der Beschwerden erfolgen wird. Bei einer 74jährigen Patientin konnten durch mehrfache Gaben von 20 ml Natriumbicarbonat 8,4 % intravenös Schwindelzustände beseitigt werden, was vorher selbst durch eine Krankenhausbehandlung nicht erreicht werden konnte.

Durch die Zufuhr von Medikamenten und durch die nötige Ernährungsumstellung wird sich die lokale zerebrale Azidose nach *Kern* aufheben lassen.

Säure-Basen-Haushalt und Rauchen

Eine grundsätzliche Bemerkung ist auch noch zum Verhältnis Säure-Basen-Haushalt und Rauchen als Risikofaktor bei Herz-Kreislauf-Erkrankungen zu machen.
Hinzu kommt beim Raucher aber noch das Suchtverlangen nach Nikotin. Im Kapitel 9 wird auf die Bedeutung des Säureüberschusses als Verschiebung im Gleichgewicht des vegetativen Systems in Form einer Überfunktion des Symphaticus hingewiesen. Und nahezu jeder vom Nikotinkonsum abhängige Raucher ist Symphatikotoniker. Nikotin, ähnlich wie auch Coffein und Tein, ist eine biphasische wirksame Suchtdroge, die in der ersten Reizschwelle vagoton, also entspannend wirkt, die peripheren Blutgefäße werden weitgestellt. Die bald darauf aber einsetzende gegenteilig wirkende Phase zwingt den Raucher dazu, sich erneut seine Droge zuzuführen [39].

Es besteht nun die biochemische Theorie, daß Nikotin durch sauren Harn schneller aus dem Körper gespült wird. Abhängige müssen also dauernd ihre Droge wieder zuführen, um ihren Nikotinspiegel zu halten.

Um aus diesem Teufelskreis herauszukommen, hilft also nur eine *Lebensumstellung im Sinne des Säure-Basen-Gleichgewichts,* und zumindest oder auch als Dauermedikation, eine Zufuhr von Basensalzen, um biochemisch diesen Zirkel zu durchbrechen.

4. Asthma bronchiale

Zwei Patientenbeispiele sollen verdeutlichen, wie mit Kenntnis des Säure-Basen-Haushalts Besserungen möglich sind, die vorher mit klassischer Behandlung nicht möglich waren.

Fall 7: Sekretärin, 22, seit Kindheit asthmoide Bronchitis, kommt in Behandlung, da sie keine Kortisonpräparate als Steigerung der Asthmatherapie einnehmen wollte.
Messung des Säure-Basen-Haushaltes:
09. 06. 88: pHB 7,45; PB 35,0; PPL 19,5; IZP 15,5; BE -8,5.
Therapie: Basenpulver, Neukönigsförder Mineraltabletten, niedrige Theophyllindosierung, alle 4 Wochen Eigenbluttherapie.
Kontrolle des Säure-Basen-Haushalts:
19. 01. 89: pHB 7,45; PB 43,0; PPL 21,0; IZP 22,0; BE -7,0.
Der Patientin geht es gut, sie kommt mit einer niedrigeren Theophyllindosierung als vorher aus.

Der Fall dieser jungen Frau zeigt, wie sich mit Ausgleich der wichtigen intrazellulären Azidose auch ein Asthmaproblem auf einfache Weise bessern läßt. Noch eindrucksvoller aber ist der Fallbericht des nächsten Patienten.

Fall 8: ehemaliger Steinhauer, 63, chron. Asthma bronchiale bei bekannter Lungensilikose, Polyglobulie, Z. n. Magenperforation mit B-II-Resektion, Z. n. supraventrikulärer Tachykardie, Z.n. Vorhofflimmern und absoluter Arrhythmie. Schon mehrfache Krankenhausbehandlungen waren notwendig gewesen. Bei der letzten Entlassung im April 90 war er noch so schwach, daß er sich von seinen Mitpatienten nicht einmal verabschieden konnte.

Messung des Säure-Basen-Haushaltes:
17. 04. 90: pHB 7,65; PB 47,0; PPL 31,0; IZP 16,0; BE +3,0.
Die Messung zeigt hier eine respiratorische Alkalose, deckt jedoch gleichzeitig eine intrazelluläre Azidose auf.
Therapie: häusliche Mineralstoffinfusionen mit Inzolen, Vitamin B12 + Folsäure, sowie Ozothin und Theophyllin.
Kontrolle des Säure-Basen-Haushalts:
21. 05. 90: pHB 7,50; PB 46,0; PPL 26,0; IZP 20,0; BE -2,0.
Es kam sehr rasch zu einer subjektiven Besserung, und objektiv erfolgte eine Abnahme der vorbestehenden ausgeprägten Lungenspastik. Die Meßwerte zeigen die *Normalisierung der respiratorischen Alkalose* (pBH von 7,67 auf 7,50) und der *intrazellulären Azidose* (IZP von 16,0 auf 20,0). Der Patient konnte wieder in der Wohnung umhergehen, was vorher nicht möglich gewesen war. Auch die Herzrhythmik hatte sich stabilisiert.

In diesem Fall war es selbst für mich beeindruckend, wie der Patient unter dieser „banalen" Infusionsserie wieder gesunden konnte. Die Notwendigkeit der gebührenden Betrachtung des Säure-Basen-Status und der häufig vorhandenen intrazellulären Azidose wird in diesen Fällen eindrucksvoll bestätigt.

5. Stoffwechselerkrankungen

a) Diabetes mellitus

Aus der Vielzahl der Diabetikerpatienten werden zwei Beispiele herausgegriffen.

Fall 9: Pensionist, 86, Hypertonie, Hyperurikämie, Hyperlipämie, Diabetes mellitus.
Messung des Säure-Basen-Haushaltes:
Mai 88: pHB 7,56; PB 38,0; PPL 21,0; IZP 17,0; BE -7,0.
Zu diesem Zeitpunkt Blutzucker bei 350 mg% und erhebliche Schwindelattacken sowie hochgradige Hörminderung linkes Ohr.
Therapie:
3 Infusionen mit zweimal 125 ml und einmal 250 ml Natriumbicarbonat 8,4% verdünnt in NaCl-Lösung. Daneben oral Alkala-Pulver 3 x 1 Teelöffel, Glibenclamid 2 Tbl.
Kontrollmessung 2 Wochen später:
Juni 88: pHB 7,48; PB 42,0; PPL 21,0; IZP 21,0; BE -7,0.
Der Schwindel war weg, und der Patient konnte auf dem linken Ohr wieder hören. Der Blutzuckerspiegel hatte sich auf 200 mg% senken lassen.

Fall 10: Rentner, 71, Diabetes mellitus seit Jahren, chronische Hypotonie, chron. Cephalgie, Claudicatioschmerzen bei diabet. Angiopathie.
Messung des Säure-Basen-Haushaltes:
27.05.88: pHB 7,52; PB 42,5; PPL 24,0; IZP 18,5; BE -4,0.
Die Messung erfolgte nach einer stationären Diabeteseinstellung auf Insulin. Pat. ist aber noch sehr verdrießlich, es bestehen noch Claudicatioschmerzen beider Beine.

Therapie:
Basenpulver 2 x 1 Teelöffel, entsprechende Insulingaben, Mineralzufuhr mit Inzelloval, Ernährungsführung im Säure-Basen-Haushalt.
Kontollmessung bei Langzeittherapie:
01. 03. 89: pHB 7,48; PB 50,0; PPL 27,0; IZP 23,0; BE -1,0.
Zu beobachten ist eine sehr gute Besserung des PB, PPL und IZP. Der Patient fühlte sich jetzt sehr wohl, die Claudicatioschmerzen in den Beinen waren verschwunden.

Entscheidend bei den Diabetespatienten ist die *frühzeitige Mitbehandlung im Säure-Basen-Gleichgewicht.* Dadurch ist eine bessere Einstellung des Blutzuckerspiegels möglich, und die auftretenden Angiopathien lassen sich in ihrem Schweregrad mindern.

Aus der *Geschichte der Diabetesbehandlung* ist interessant, daß früher, als weder Antidiabetika noch Insulin bekannt waren, den Patienten *bis zu 30 Gramm Bicarbonat am Tag* als Therapie gegeben wurden. Hier wurde die grundsätzliche Behandlung erkannt, diese Behandlungsmöglichkeit ging aber dann mit den Antidiabetika und dem Insulin verloren.

b) Migräne

Viele Frauen leiden häufig unter Kopfschmerzen, speziell unter der anfallsartig einseitig auftretenden Form, der Migräne. Schon in Romanen früherer Zeit ist von „der gnä' Frau, die sich in ruhige Gemächer zurückgezogen hat" zu lesen. Aus meiner Erfahrung läßt sich jede *Migräne durch konsequente Stoffwechselentgiftung = Entsäuerung heilen,* bzw. auf ein Minimalmaß reduzieren. Für der Vielzahl der Fälle sollen zwei Fallbeispiele stehen.

Fall 11: *Verwaltungsangestellte,* 32, schon länger Kopfschmerzen rechtsseitig, fangen schon frühmorgens an, auf Schmerztabletten nur geringe Besserung, beim Liegen keine Schmerzen, beim Kopfheben sofort wieder da, abends erst nach Stunden weg.
Messung des Säure-Basen-Haushaltes:
18. 07. 86: pHB 7,55; PB 31,0; PPL 24,0; IZP 7,0; BE -4,0.
Therapie: Basenpulver 2 x 1 Teelöffel, Neukönigsförder Mineraltabletten, konsequente Ernährungsumstellung, insbesondere Weglassen von Kaffee und Zuckerwaren. In dieser Phase auch mehrmals Injektion von 30 ml Natriumbicarbonat 8,4% zur schnelleren Pufferung.
Kontrollmessung:
24. 07. 86: pHB 7,59; PB 44,0; PPL 26,5; IZP 17,5; BE -1,5.
Es ist also bereits eine erhebliche Besserung von PB und IZP eingetreten, subjektiv ging es der Patientin bereits wesentlich besser, trotzdem konsequente Fortführung der Basen- und Mineraltherapie, keine Injektionen mehr.
Weitere Kontrollmessung:
08. 08. 86: pHB 7,55; PB 41,0; PPL 19,5; IZP 21,5; BE -8,54.
Bei dieser Messung war die Patientin fast schmerzfrei, nur nach Hunger oder Diätsünde (Kaffee = Säuerung) traten leichte Kopfschmerzen auf.

Fall 12: Hausfrau, 36, chronische Kopfschmerzen seit Monaten, am Tag bis zu 5 Schmerztabletten, 89 Cholecystektomie, wobei Gallensteine schon 12 Jahre bekannt waren. „Migränegesicht".

Messung des Säure-Basen-Haushaltes:
09. 02. 90: pHB 7,51; PB 40,0; PPL 21,0; IZP 19,0; BE -7,0.
Therapie: milde Darmreinigungskur nach F. X. Mayr durch eine Vorkur nach Rauch, Alkala Pulver, Mandrogallan, Kalium phosh. D6.
Kontrollmessung:
25. 06. 90: pHB 7,48; PB 48,0; PPL 25,0; IZP 23,0; BE -3,0.
Nach 3 Wochen waren die wochenlangen Schmerzen verschwunden, die Patientin beschrieb nur noch ein leicht dumpfes Gefühl. Bei der Kontrollmessung war sie beschwerdefrei. Der Anstieg von PB, IZP und BE ist zu beachten.

c) Osteoporose

Die Osteoporose nimmt in unserer Zeit sehr zu. Verschiedene Therapierichtlinien wurden in den letzten Jahren und Jahrzehnten empfohlen, keine jedoch war der „Stein der Weisen“. Dabei beginnt diese Krankheit schon lange vor ihrem Ausbruch bzw. ihrer Feststellung. Schon in jungen Jahren ist die Ernährung mineralstoffarm gewesen, das *Calcium-Räuber-Quartett: Alkohol-Nikotin-Coffein-Zucker* schlägt voll zu. Es zeigt sich immer wieder, daß der heutige Mensch wesentlich mehr Mineralstoffe zuführen muß. Zum einen verbraucht der Disstress-Patient mehr, zum anderen sind mehr Mineralstoffe notwendig, um einen stoffwechselblockierten Organismus wieder in Gang zu bringen.

Fehlt dann das Mineral Calcium bereits in jungen Jahren, so kommt es zu einer mangelhaften Knochenbildung. Wird dann nicht mehr Calcium zugeführt, so bleibt das Caliciumkonto auf der Knochenbank immer im Minus. Späterer Mineralstoffmangel führt dann zu einer Beschleunigung der Abbauprozesse im Skelettsystem. Es hat sich sogar gezeigt, daß ein Calciummangel den Knochensubstanzverlust sehr rasch multiplizieren kann.

Warum aber ist bei der Osteoporoseentstehung die Frau in der Postmenopause „bevorzugt“? Aus der Sicht des Säure-Basen-Haushalts soll hier eine Antwort versucht werden.

Nach der *Homotoxinlehre von Reckeweg* [33] werden mit der Mensesblutung der Frau Homotoxine ausgeschieden. Beweis dafür ist zum Beispiel, daß eine Frau vor der Mensesblutung zunehmend über Kopfschmerzen klagt, Depressionen sich verstärken, Kreuzschmerzen auftreten, Migränezustände und ähnliche Symptome sich häufig verstärken.

Mit der Mensesblutung oder kurz danach verschwinden all diese Krankheitsbilder wieder, da der Toxinspiegel wieder abgefallen ist.
Die Erklärung kann jetzt im folgenden liegen:
Durch die fehlende Mensesblutung werden die Homotoxine (= vorwiegend Säuren) im Körper zurückgehalten. Diese Säuren müssen jetzt vermehrt gepuffert werden. Puffermaterial fehlt im fließenden Blut, es wird auf Reservematerial zurückgegriffen, Calcium wird aus den Knochen „abgesaugt“, und der Raubbau beginnt.

Notelovitz und *Ware* [26] beschreiben in ihrem Buch: „Aufrecht bis ins hohe Alter", daß vegetarisch lebende Menschen kräftigere Knochen haben, als solche, die fleischreiche Nahrung zu sich nehmen. Jene verlieren im Alter weniger Knochensubstanz, es kommt bei ihnen weniger häufig zur Osteoporose.

Weiter führen die Autoren an, daß sich dieser Unterschied auch im Säuregehalt erklären läßt. Vegetarische Nahrung hat bekanntermaßen einen geringen Säuregehalt, eher einen Basenüberschuß, während Fleischnahrung einen hohen Säuregehalt aufweist. So hat die Wissenschaft hier nur eine Theorie:

Der Körper reagiert auf eine Säureüberlastung durch Auflösung des Knochengewebes, um zu versuchen, den Säureüberschuß zu kompensieren.

Im Klartext muß es deshalb heißen, daß schon von Kindesbeinen an eine vollwertige, abwechslungsreiche und vitalstoffreiche Ernährung erfolgen muß, so wie es das Prinzip der Vollwerternährung fordert [16]. Damit ist nichts gegen eine Kostform mit tierischem Eiweiß ausgesagt, jedoch sollte dieses in bescheidenen Mengen gegessen und immer mit ausreichender pflanzlicher Kost, insbesondere Kartoffeln und Gemüse kombiniert werden [33].

Auch hier soll ein Fallbeispiel stehen:

Fall 13: Rentnerin, 69, Z.n. Mastektomie rechts 89 mit nachfolgender Bestrahlung, drei Jahre vorher schon Wirbelsäulenbeschwerden durch Osteoporose gehabt, die Einnahme eines Phosphat/Calciumgemisches hatte aber röntgenologisch keine Besserung gebracht, Besserung erst durch eine lange Serie von paravertebralen Injektionen mit Cefossin.

Messung des Säure-Basen-Haushaltes:

19. 06. 90: pHB 7,42; PB 42,0; PPL 23,0; IZP 19,0; BE -5,0.

Erschwerend lag hier eine Leukopenie mit 3600 Leukozyten vor, bei absoluter Lymphozytenzahl von 927 (Norm 1500). Entsprechend war auch der Allgemeinzustand der Patientin.

Therapie: Acidovert Tabletten, Neukönigsförder Mineraltabletten, Natriumchlor. D 6, Ernährungsumstellung hin zur Entsäuerung.

Kontrollmessung:

12. 07. 90: pHB 7,45; PB 44,5; PPL 24,0; IZP 20,5; BE -4,0.

Der Patientin ging es bereits subjektiv erheblich besser, die zeitweisen Rückenschmerzen waren völlig verschwunden. Auch die Leukozytenwerte waren auf 5200 angestiegen.

d) Weichteilrheuma

Die Zahl der Patienten mit Wirbelsäulenbeschwerden und diffusen Schmerzen in den Extremitäten hat in den letzten Jahren erheblich zugenommen. Auch die dadurch bedingte Zahl der ausgefallenen Arbeitstage ist gestiegen.

Wendt [53] bringt in seinem Buch „Die Eiweißspeicherkrankheiten" den *typischen Fall einer Krankheitsentwicklung*, wie er in der Sprechstunde täglich anzutreffen ist: „Wenn wir die Entwicklung der allgemeinen Azidose eines 65jährigen Erwachsenen aufzeichnen wollen, dann müssen wir etwa beim 15jährigen Jüngling beginnen. Er hat einen guten Appetit, ihm schmeckt alles, darum ißt er reichlich. Mit 20 Jahren gehört er zu den kräftigsten seines Jahrgangs und strotzt vor Gesundheit. Mit 25 Jahren hat er einen leicht erhöhten Hämatokrit von 45 Volumen%, Hb 15 g%, Gewicht 5 kg über Broca, im übrigen ist er kerngesund. Mit 30 Jahren hat er einen leichten jugendlichen Hypertonus. Mit 35 Jahren bekommt er seinen 1. Hexenschuß. Er weiß genau, warum. Er hatte beim Kegeln das Jackett ausgezogen, war ins Schwitzen gekommen und hatte vom offenen Fenster Zugluft ins Kreuz bekommen. Er hat recht, das war der Auslöser des Hexenschusses, aber die Ursache ist eine Stauung im Muskelinterstitium der Lendenmuskulatur durch Speicherung überschüssigen Nahrungseiweißes. Eine lokale Azidose in der Lendenmuskulatur hat unser Patient nun schon, aber noch keine allgemeine Azidose." Soweit dieser Auszug aus dem *Wendt*schen Buch — wie gesagt, eine alltägliche Erscheinung.

Nach *Wendt* ist die Eiweißspeicherung und die Stauung als Ursache für den Schmerz des Weichteilrheumatikers anzusehen, wobei die Diagnose Weichteilrheuma eine Zusammenfassung für Erkrankungen im Weichteilgewebe ist. Der Körper hat in der Harnsäureablagerung im Gewebe eine wichtige Möglichkeit, sich überschüssiger Harnsäure aus seinem Blut zu entledigen, wenn sie aktuell nicht über die Niere ausgeschieden werden kann. Die *Harnsäureretention* ist auch ein *empfindlicher Parameter für Veränderungen im Säure-Basen-Haushalt.* Bereits bei geringfügiger Azidose tritt eine Retention und somit ein Anstieg der Harnsäurekonzentration im Serum ein.

Das *azidotische, schlackenreiche Stauungsödem* ist also nach *Wendt* die *Schmerzursache* nicht nur bei der aktivierten Arthrose, dem Rheuma, sondern auch bei der Angina pectoris, der Claudicatio intermittens, kurz gesagt, bei jeder lokalen Azidose.

Psychologen haben den Ausspruch getan: Jugendliche, die sich nicht abreagieren durch Sport, haben im Alter Rheuma. Dies ist jetzt aus dem bisher gesagten erklärbar. Durch Sport, durch die Bewegung wird der Blutkreislauf aktiviert, Säuren und Schlacken werden abtransportiert, durch forcierte Atmung kann Kohlensäure abgeatmet werden.

Die Bewegung in frischer Luft ist deshalb ein entscheidender Faktor der Entsäuerung.

Um die Theorie zu beleben, sollen zwei Fallbeispiele die Wirklichkeit schildern.

Fall 14: Angestellte, 35, akuter Schub bei chronischen Gelenkbeschwerden seit Zwillingsgeburt vor 7 Jahren, chron. Obstipation bis zu einer Woche.

Messung des Säure-Basen-Haushaltes:
13. 04. 88: pHB 7,51; PB 35,0; PPL 20,5; IZP 14,5; BE -7,5.
Therapie: Alkala Pulver, Neukönigsförder Mineraltabletten, Darmreinigung nach *F. X. Mayr* mit Milchdiät.
Kontrollmessung:
16. 05. 88: pHB 7,45; PPL 24,0; IZP 20,0; BE -4,0.
Die Gelenkbeschwerden waren verschwunden, subjektiv fühlte sich die Patientin wieder voll leistungsfähig. Die Meßwerte bestätigen dies durch die Anhebung des PB, PPL, IZP und BE. Weitere Behandlung der Patientin durch Ausleitung aus der Milchdiät hin zur ausgewogenen Vollwertkost.

Fall 15: Fabrikarbeiterin, 57, rez. Wirbelsäulenbeschwerden bei multiplen Myogelosen, depressive Erschöpfungszustände, cerebrale Insuffizienz, rez. Cystitis.
Messung des Säure-Basen-Haushaltes:
01. 09. 89: pHB 7,30; PB 34,0; PPL 18,0; IZP 19,0; BE -10,0.
Therapie: Basenpulver, Neukönigsförder Mineraltabletten, Ernährungsumstellung, besonders Abkehr von Zucker- und Weißmehlkonsum, physikalische Therapie.
Kontrollmessung:
12. 01. 90: pHB 7,40; PB 40,0; PPL 21,0; IZP 19,0; BE -7,0.
Subjektiv Wohlergehen, die Wirbelsäulenbeschwerden sind völlig abgeklungen, Myogelosen sind nicht mehr tastbar, keine Depressionen mehr. Weitere Ernährungsführung im Sinne des Säure-Basen-Haushalts.

Damit sind die von *Wendt* gemachten Aussagen über die Lokalazidosen bestätigt. Je länger eine Lokalazidose im Muskel, an Knorpeln, an Gelenken besteht, umso stärker werden die Säuren auf die anatomischen Strukturen einwirken, und es wird länger dauern, um zumindest eine Schmerzfreiheit zu erreichen. Stark veränderte Gewebe werden sich auch nicht mehr zur ursprünglichen Form zurückführen lassen.

Auch bei der chronischen Polyarthritis muß die Basentherapie die Grundlage bilden. Die pH-Alkalose und die intrazelluläre Azidose waren regelmäßig zu diagnostizieren. Schwerere Fälle bedürfen einer Langzeitbehandlung, um nebenwirkungsstarke Medikamente reduzieren zu können.

e) Haarausfall

In der letzten Zeit konnte ich eine steigende Zahl von Patientinnen beobachten, die zunehmend über Haarausfall klagten. Auch die Haare sind ein Teil unseres Körpers und werden mit guten oder schlechten Körpersäften versorgt. Und je nach Konstitution werden die Haare und Haaranhangsgebilde darunter leiden, wenn zuviel Säuren auf sie zukommen. Die Palette reicht vom diffusen Haarausfall über ganze Areale bis hin zum totalen Haarausfall am ganzen Körper.

Bezeichnend war die Aussage einer chronischen Nierenpatientin, daß der Haarausfall, über den sie bis dahin nicht geklagt hatte, gestoppt sei, seit sie die verordneten Natriumbicarbonat Tabletten zur Verbesserung der Nierenfunktion einnimmt.

Auch bei dieser Diagnose fielen die prägnanten Veränderungen der Azidose und intrazellulärer Azidose auf.

Fall 16: Friseuse, 45, klagt seit einiger Zeit über zunehmenden Haarausfall, obwohl sie von ihrer Seite schon alles mögliche getan hatte. Die klinische Untersuchung deckt eine erhebliche Leber-/Gallebelastung auf, mit Obstipation.
Messung des Säure-Basen-Haushaltes:
25. 07. 90: pHB 7,46; PB 41,0; PPL 21,5; IZP 19,5; BE -6,5.
Therapieeinleitung: Darmreinigungskur mit F. X. Passagesalz, Basenzufuhr mit Basica, Galleanregung mit Mandrogallan.
Kontrollmessung:
24. 08. 90: pHB 7,40; PB 45,0; PPL 24,0; IZP 21,0; BE -4,0.
Die Patientin berichtet über einen Stillstand des Haarausfalls, die Meßwerte haben sich verbessert, weitere konsequente Ernährungsführung wurde der Patientin aufgetragen.

Bei einer anderen Patientin war es nach Einsetzen einer neuen Zahnprothese zu einem zunehmenden Ausfall des Haupthaares, und dann auch der gesamten Körperbehaarung gekommen.

Objektiv bestand nach *Mayr*-Diagnostik eine chronische Enterocolitis mit fester Enteroptose des Dünndarmpakets, teilweise Obstipation über mehrere Tage. Auch in diesem Fall bestand eine schon charakteristische intrazelluläre Azidose. Zu einer konsequenten Darmreinigungskur, und damit idealer Entgiftung (=Entsäuerung), war die Patientin leider nicht zu bewegen. Verschiedenste sonstige Therapiebemühungen waren erfolglos.

6. Krebskrankheit

Über die Krebsentstehung und die Krebskrankheit ist andernorts schon viel niedergeschrieben worden. Auch die Bedeutung der Karzinogene ist inzwischen unbestritten.

Waerland [48, 49] schreibt: „Was die fürchterlichste Krankheit, den Krebs, betrifft, so können wir sagen, daß die Übersäuerung eine der Voraussetzungen und Vorstadien dieser Krankheit ist. Diese Neutralisierung kann nur durch die Mithilfe von alkalischen Salzen geschehen, wobei die Mineralien Kalium, Kalzium, Natrium und Magnesium die Hauptrolle spielen. Diese fehlen aber in der animalischen Nahrung. In Grüngemüsen, in Schalen und Hüllen der Getreidekörner, in den Schalen und der äußeren Schicht der Kartoffeln, in wildwachsenden Pflanzen sind sie reichlich vorhanden. Ebenso auch in den Gelenkkapseln der Knochen, in den Knorpeln, Sehnen, Muskelfibrillen und Nervenscheiden".

Bei verschiedenen Autoren ist von einer *Alkalose des Krebskranken* die Rede. Bei genauer Analyse ist jeweils nur vom pH-Wert des Blutes ausgegangen worden, *nicht* von der *Pufferkapazität.*

Bei *Kuhl* [18] heißt es:

„Eine Zellatmungsstörung finden wir bei jeder chronischen Erkrankung. Ebenso die Glykolyse, d. h. die Milchsäuregärung in den Körperzellen und Geweben. Aber nur die toxische Konzentration der Milchsäure ist beim Krebs für die Geschwulstbildung entscheidend. Diese Zellatmungsstörung tritt auch bei einer langdauernden basischen Vollwertnahrung, die die Wasserstoffionenkonzentration des Blutes in Richtung Alkalose schiebt, ein."

Der zweiten Aussage ist zu entgegnen, daß nur „wenige Auserwählte" eine langdauernde basische Vollwerternährung schaffen, daß diese konsequent sein muß, hier darf ich auf die Ernährungsrichtlinien in der Therapie hinweisen. *Die Alkalose des pH-Wertes sagt nichts über die Pufferkapazität aus.*

Seeger [43] präzisiert die Alkalose nur für das Innere der Krebszelle. Es heißt: „Im Verlauf der krebsigen Entartung pendelt nämlich der pH-Wert von 6,2—6,5 bei der normalen Vergleichszelle über 7,2 — und 7,8 bis 8,0 und weiter ins stark Alkalische. — Als eine krebsfeindliche Diät kann nur eine solche angesehen werden, welche die Zufuhr von Elektronendonatoren (= Wasserstoffspendern) wesentlich einschränkt, hingegen dafür die Zufuhr von *Elektronenakzeptoren* (= wasserstoffentziehende Stoffe) vermehrt".

Hochwertige *natürliche bzw. pflanzliche Elektronenakzeptoren* sind [44]:

1. Rote Beete,
2. Anthozyane: Farbstoff Myrtillidin aus der Heidelbeere, Oenidin, der Farbstoff des Rotweins, Sambucin, der Farbstoff des Holunders,
3. Flavone und Quercetine in Zitrusfrüchten, Bärentrauben- und Eucalyptusblättern, Eichenrinde, Stiefmütterchen,
4. Symphytum officinale (Beinwell),
5. L (+) Milchsäure,
6. Ozon (O_3) stellt eine wichtige Ersatzbrücke für die blockierte Atmungskette dar,
7. Germanium.

Bei *Schliephake* [39] finden sich folgende Feststellungen: „Eine sehr beliebte Theorie war lange Zeit diejenige vom Basenüberschuß, wobei offen blieb, welche Krankheiten dadurch verursacht sein sollten, oder verhindert werden könnten. Solche Theorien verkennen die von übergeordneten Organen gesteuerten Regelmechanismen im Körper. Der Organismus hält sein Säure-Basen-Gleichgewicht zäh fest. Er hat seine Alkalireserve, die beim Gesunden genügend groß ist, um auch größere Säurezufuhren auszugleichen. Nur bei dauernder Zufuhr anorganischer Säuren, etwa bei der chronischen Einnahme von Salzsäure, kann unter Umständen dieser Mechanismus überfordert sein, und es kann dann Kalzium aus den Knochen zur Neutralisation herangezogen werden".

Dazu folgnde Erwiderung: Das Festhalten des Organismus am Säure-Basen-Gleichgewicht ist zäh. Die Alkalireserve ist sicher auch sehr hoch. *Aber steter Tropfen höhlt den Stein.* So wie heute die *Umwelt wesentlich saurer geworden* ist, als noch vor ein paar Jahren, *so hat sich auch beim Menschen einiges gewandelt.* Die vorliegenden 1600 Meßwerte lassen sich nicht beiseite schieben. *Kojer,* einer der ersten *Mayr*-Schüler, hat in einer Fortbildung der *Mayr*-Ärzte 1989 gesagt: Ein Patient unserer Zeit braucht heute 2—3 Wochen länger eine *Mayr*-Kur, um auf denselben Regenerationsstand zu kommen, wie noch ein Patient vor 20—30 Jahren. Dazu kommt noch die Entlaugung (Basenreduktion) der lebendigen Kost durch sauren Regen und saure Böden.

Szilvay [47] macht folgende wichtige Aussagen: *„Die Wirkungsstärke der Hormone und Fermente hängt vom pH-Wert des Blutes ab.*

Die Neigung des pH-Wertes des Blutes zur alkalischen Seite hemmt die Funktion der Nebennierenrinde und des endokrinologischen Systems.

Der pH-Wert des Blutes neigt bei Krebs und bei Arthritis rheumatica et urica mehr zur alkalischen Seite. Seine Serienmessungen an Krebspatienten zeigten einen hochalkalischen pH-Wert von 7,55—7,70.

Bei der Normalisierung des pH-Wertes in die acidotische Richtung spielt die Milchsäure eine entscheidende Rolle. Durch die Zufuhr der Milchsäure in die Blutbahn wird die in der lebenden Zelle mögliche Virusvermehrung gehemmt und eine Resistenzsteigerung bewirkt".

Auch hier wird nur der pH-Wert beschrieben, ohne die wichtige Pufferfunktion zu berücksichtigen.

Bei meinen Untersuchungen ergaben sich bei durch Zufall ausgewählten 84 Messungen an 36 Patienten folgende Ergebnisse:
pH-Wert unter 7,35: 1 Messung
pH-Wert 7,35—7,50: 43 Messungen
pH-Wert 7,51—7,60: 31 Messungen
pH-Wert 7,61—7,80: 9 Messungen

Eine weitere Aufschlüsselung bei den Patienten mit den pH-Werten von 7,51—7,80 und dem Bezug zum wichtigen Intrazellulärpuffer ergibt:
über 20 mmol/l 14 Patienten, unter 20 mmol/l 36 Patienten.

Bei 38 Patienten war ein- oder mehrmals der pH-Wert über 7,51 erhöht. Davon sind inzwischen 14 Patienten verstorben (36,8 %), 3 Patienten sind in einem kritischen Stadium (7,9 %). *Aus dieser Aussage ergibt sich die ungeheure Wichtigkeit des Intrazellulärpuffers der gesunden Zelle.*

Diese Ergebnisse haben mich bei der Durchsicht der Befunde selbst überrascht, lassen sie doch einen Schluß für alle Erkrankungen zu!

Es ist deshalb bei allen Erkrankungen entscheidend wichtig, den Intrazellulärpuffer durch Mineralzufuhr anzuheben. Sobald bei einer längeren Beobachtung dieser Puffer absinkt, ist absolute Gefahr im Verzuge!

Ein *Erklärungsversuch des alkalischen pH-Wertes in Beziehung zum erniedrigten Intrazellulärpuffer* soll unternommen werden: Der alkalische pH-Wert ist als ständige Gegenregulation zum erniedrigten Intrazellulärpuffer zu sehen, als Gegensatzpaar wie andere auch. Vorraussetzung ist, daß der Organismus noch zur Verfügung stehendes Puffermaterial hat. Kritisch wird es, wenn auch der pH-Wert in acidotische Werte abfällt, weil dann der Patient den Säuretod stirbt. Dieser Tod bedeutet normalerweise auch sehr große vorangehende Schmerzen.

Schmerzbekämpfung beim Tumorpatienten:

Wie schwierig gestaltet sich in der normalen Tumortherapie die präfinale und finale Schmerzbekämpfung, welche Kombinationen müssen ausgeklügelt werden, um dem Patienten ein einigermaßen menschliches Ende zu ermöglichen. Dabei ist in diesen Fällen nur durch einfache biochemische Therapie bzw. Basensubstitution ein harmonisches Ausgleiten aus dieser Welt möglich.

Dafür soll dieses Beispiel einer Krebspatientin stehen:

Fall 17: Geschäftsfrau, 59, Bronchialkarzinom, Z. n. Unterlappenresektion li. 11/86, hist. mäßig diff. Adeno-Ca, 4/89 im Computertomogramm mehrere Schädelmetastasen festgestellt, ab 9/89 Bettlägerigkeit, zunehmende Kopfschmerzen.

Messung des Säure-Basen-Haushaltes:

04. 09. 89: pHB 7,50; PB 41,0; PPL 22,0; IZP 19,0; BE -6,0.

Therapie: Infusionen zuhause am Krankenbett mit Mineralien und Natriumbicarbonat 8,4% 100 ml in Kochsalzlösung. Die Infusionen wurden auch deshalb gewählt, weil das Schlucken der Patientin teilweise Mühe bereitete.

Kontrollmessung:

12. 12. 89: pHB 7,65; PB 50,0; PPL 23,0; IZP 27,0; BE -5,0.

Es war zur weitgehenden Schmerzlinderung gekommen, nur an manchen Tagen war eine Tablette Ergont retard nötig. Weitere Fortführung der Infusionstherapie, da die Tumorkachexie fortschritt. Ab diesem Zeitpunkt mußten keine Schmerztabletten mehr gegeben werden.

Letzte Messung:
15. 01. 90: pHB 7,60; PB 49,0; PPL 27,0; IZP 22,0; BE -1,0.
Die Patientin verstarb völlig ruhig am 18. 01. 90.

Dosierungsempfehlungen:
Die Therapie nach Maß wird im nächsten Kapitel erörtert. Spezielle Therapieempfehlungen sind beim Krebspatienten nicht nötig. *Entscheidend ist auch hier wieder, rechtzeitig die Korrektur des Säure-Basen-Haushalts in das Gesamttherapiekonzept einzubeziehen.* Um so erfolgreicher werden in jeder Hinsicht die therapeutischen Bemühungen sein. Im Einzelfall kann eine sehr intensive Basen- und Mineralgabe notwendig werden, was sich erst unter der Therapie herausstellt.

Problematik Krebs und Erdstrahlen
Eine Bemerkung soll auch noch zu Störfeldern und Erdstrahlen, beziehungsweise der Einwirkung von Wasseradern gemacht werden. Diese Felder stören den Menschen als elektrisches Wesen, nicht umsonst läßt sich ein Elektrokardiogramm an der Haut ableiten. Wasseradern üben einen statischen Sog aus. Wenn nun der Mensch übersäuert ist, also negativ geladen, so werden diese Wirkungen erst recht spürbar werden, und dem menschlichen Körper noch mehr Energie entziehen. Ist der Körper im Säure-Basen-Gleichgewicht, so werden Wasseradern keine wesentlichen negativen Auswirkungen haben können. Deshalb empfiehlt sich besonders die abendliche Einnahme einer Basenmischung oder eines Fertigpräparates. Die Beobachtung kann jeder an sich selbst machen, daß am Morgen danach ein wesentlich frischerer Zustand besteht.

7. Niereninsuffizienz

Auf die entscheidende Funktion der Niere im Säure-Basen-Haushalt wurde im letzten Abschnitt hingewiesen. Betont werden soll die Tatsache, daß die Niere bei zunehmender Azidose immer weniger an Exkretionsleistung vollbringen kann. Hier ist der Fall einer Patientin angebracht, bei der die Beinödeme allein durch Gabe von Acidovert (eine Mischung aus Calcium- und Magnesiumcitrat) zurückgegangen sind.

Bei Durchsicht der Unterlagen ließ sich feststellen, daß nur ganz selten der Blut-pH-Wert unter 7,35 gesunken ist. Ein Wert des pHB von 7,26 war bei einem Patienten nach vorübergehender Dialysepflicht nach toxischer Glomerulonephritis zu messen. Der Patient mußte dann erneut dialysiert werden.

Ein Fallbericht zeigt den *Säure-Basen-Status vor dem Beginn einer Dialyse* auf.

Fall 18: Bäuerin, 34, über Jahre rez. Zystopyelitiden gehabt, Urin-pH immer 5—6, einmal sogar 4, 1986 allgemeine Verschlimmerung, Kreatininanstieg auf 7 mg%.
Messung des Säure-Basen-Haushaltes:
10. 09. 86: pHB 7,47; PB 34,5; PPL 20,0; IZP 14,5; BE -8,0.
Therapie: Infusion von insgesamt 150 ml Natriumbicarbonat 8,4%.
Kontrollmessung:
24. 09. 86: pHB 7,53; PB 34,0; PPL 19,5; IZP 14,5; BE -8,5.
Die Meßwerte wurden durch diese relativ kleine Menge an Pufferlösung nicht beeinflußt. Der maligne Prozeß der Schrumpfnierenbildung hat sich nicht mehr beeinflussen lassen.

Dieses Beispiel soll aber darauf hinweisen, wie wichtig es ist, bei chronischen Nierenpatienten rechtzeitig den Säure-Basen-Haushalt in die Therapie mit einzubeziehen.

An einem weiteren Beispiel ist die *Situation nach einer Nierentransplantation* zu beobachten:

Fall 19: Hausfrau, 47, Nierentransplantation 12/85,
Messung des Säuren-Basen-Haushaltes in Langzeitstudie:
13. 07. 87: pHB 7,44; PB 35,0; PPL 19,0; IZP 16,0; BE -9,0.
Hämoglobin 12,0 g%, Kreatinin 2,1 mg%.
19. 01. 90: pHB 7,36; PB 37,0; PPL 20,0; IZP 17,0; BE -8,0.
Hämoglobin 12,0 g%, Kreatinin 1,5 mg%.
17. 10. 90: pHB 7,40; PB 41,0; PPL 19,0; IZP 22,0; BE -9,0.
Hämoglobin 12,5 g%, Kreatinin 1,6 mg%.
Therapie: Seit 88 Kaiser Natron Tabletten im Wechsel mit Acidovert, Neukönigsförder Mineraltabletten, Calcium fluor. D 12 gegen Osteoporose.
Die Patientin hat jetzt keine Wirbelsäulenschmerzen mehr. Die Basengaben wurde vorsichtig vorgenommen, um abrupte Veränderungen tunlichst zu vermeiden. Subjektiv geht es der Patientin sehr gut, auch die üblichen Kontrolluntersuchungen waren alle zufriedenstellend.

Dieser Fall zeigt doch eine Stabilisierung der Kreatininwerte in einem unteren Bereich, das subjektive Wohlbefinden der Patientin hat sich auf jeden Fall gebessert, entscheidend ist auch der Anstieg des IZP in den Normbereich. Somit wäre auch bei dieser Patientengruppe die Beachtung des Säure-Basen-Status von großem Nutzen.

Das dritte Beispiel soll darlegen, daß bei rechtzeitiger Behandlung im Säure-Basen-Gleichgewicht eine *chronische Niereninsuffizienz über Jahre stabil* gehalten werden kann.

Fall 20: Hausfrau, 70, 1983 Aufdeckung Schrumpfniere rechts und eingeschränkte Nierenfunktion links. Base-Excess im Krankenhaus -12,1. Urin-pH immer konstant bei 5, Kreatinin bei Aufdeckung 5,6 mg%, bei KH-Entlassung 3,6 mg%.

Therapie: Über 6 Wochen im August/September 83 im Rahmen der parenteralen Basenzufuhr-Studie Infusion von insgesamt 1200 ml Natriumbicarbonat 8,4% verdünnt in NaCL-Lösung.
Zwischenergebnis:
Kreatinin blieb bei 3,5 mg%, Urin-pH-Messungen jetzt bei 7. Nach der letzten Infusion be-

richtete die Patientin über ein Kribbeln im ganzen Körper, die Beine waren ödematös geschwollen als Zeichen der akut belasteten Nieren, tags darauf Beine wieder dünn und sehr gutes Wohlbefinden.

Messung des Säure-Basen-Haushaltes:

29. 07. 86: pHB 7,56; PB 41,5; PPL 23,5; IZP 18,0; BE -4,5.
30. 11. 87: pHB 7,58; PB 34,0; PPL 20,0; IZP 14,0; BE -8,0.
09. 07. 90: pHB 7,48; PB 42,0; PPL 20,0; IZP 22,0; BE -8,0.

Nach **oraler Therapie** ab Juli 1986 mit Natriumbicarbonattabletten berichtete die Patientin sehr bald, daß der bis dahin bestehende Haarausfall aufgehört hat, über den sie sich aber vorher nicht beklagt hatte. Des weitenen war ab diesem Zeitpunkt die ständig erhöhte Harnsäure mit Werten um 7,1—6,3 mg% trotz Allopurinolgabe auf Werte um 3,5 mg% abgefallen. Ärztliche Hinweise natürlich immer wieder auf die Ernährung im Säure-Basen-Gleichgewicht. Der „Ausrutscher" des IZP am 30. 11. 87 war auf einen vorübergehenden fieberhaften Infekt zurückzuführen.

8. Hauterkrankungen

Auch die *Allergien* sind in unserer Zeit häufiger geworden. Neben einer *genetischen Disposition* ist eine ganze Reihe *exogener Faktoren* dafür verantwortlich, wenn ein Mensch Heuschnupfen, allergische Konjunctivitis, Asthma oder atopische Dermatitis bekommt.

Wie Tierversuche und klinische Studien zeigen, begünstigen folgende Punkte eine Sensibilisierung:

- Passivrauchen,
- Schadstoffe in der Atemluft,
- Infektionen,
- vermehrte Exposition gegenüber einem Allergen,
- gleichzeitiges Einwirken vieler Stoffe mit allergener Potenz,
- Durchlässigkeit der Darmwände für ungenügend abgebaute Nahrungsmittel (aus Praxis-Kurier 1/2 v. 24. 01. 1990).

Der letzte Punkt ist für die Betrachtung der Hauterkrankungen aus ganzheitlicher Sicht entscheidend. Welches Darmsystem ist wirklich ganz gesund, hat noch nie mit irgendwelchen Infektionen zu tun gehabt, hat nie die Darmflora durch irgendein Antibiotikum zerstört bekommen?

Nach meiner Erfahrung wird deshalb eine rein lokale Behandlung nur in ganz seltenen Fällen zum Heilen einer Hautkrankheit führen. Erst die Einbeziehung des Darmes, des Immunsystem, des Mineralhaushalts und eben auch des Säure-Basen-Haushalts wird einen nachhaltigen Therapieerfolg bringen [59].

Ein alter medizinischer Spruch sagt: *Die Haut ist der Spiegel der inneren Organe.* Dieser Spruch steht somit vollgültig in unserer Zeit. Die Haut wird auch oft als die *dritte Niere des Menschen* bezeichnet. Bei einer relativen bzw. manifesten Unterfunktion des Nierensystems sucht der Körper einen Notbehelf der Ausscheidung von ausscheidungspflichtigen Substanzen. Dies ist oft schon am Körpergeruch eines Patienten „abzuriechen". Die Bedeutung des Grundgewebes nach *Pischinger* [28] als Mülldeponie des Körpers ist hier entscheidend.

In manchen Hautkliniken bestehen Antischwitzstationen, um den Patienten anzulernen, nicht mehr zu schwitzen. Es wäre besser, einmal richtig über den Darm auszuleiten, dann wären viele Patienten mit ihrer Krankheit auch schon zufriedener.

Typische Fälle von Hautbelastungen bei Kindern werden noch dargestellt. Nach einer Bicarbonatinfusion von 250 ml war ein chronisches Ekzem beider Hände und Unterarme bei einem Kraftfahrer für 2 Monate verschwunden, und das chronische Magenulcusleiden brauchte er nur noch mit Kamilletropfen zu behandeln.

Fall 21: Kauffrau, 25, Psoriasis vulgaris mit Befall der Hände, Ellenbogen, Füße, mit zusätzlichen pustulösem Exanthem Unterarme und Gesicht, bei klinischer Untersuchung Leber- und Gallenbelastung, Obstipation.
Messung des Säure-Basen-Haushaltes:
26. 04. 90: pHB 7,45; PB 40,0; PPL 22,0; IZP 18,0; BE -6,0.
Therapie:
Alkala Pulver, Neukönigsförder Mineraltabletten, Ausleitung über Galle und Darm, Psoriasis-Nosode, Ernährungsumstellung.
Kontrollmessung:
01. 06. 90: pHB 7,48; PB 42,0; PPL 21,0; IZP 21,0; BE -7,0.
Besserung der Psoriasis-Krankheitsherde, völliges Verschwinden des Exanthems, damit zusammenhängende psychische Aufhellung der Patientin.

Im Abschnitt 5 wird das Basengel oder die Basensalbe als äußerliche Behandlungsmöglichkeit vorgestellt. Bei einem kleinen Mädchen mit Neurodermitis wurde bereits nach der ersten Behandlung die Haut sofort glatter, die Rötung milderte sich. Es mußte aber auch der Mutter aufgetragen werden, dem Kind reichlich Flüssigkeit zu geben, da sich beim Nachfragen zeigte, daß es zu Rückschritten gekommen war, wenn nicht genug getrunken wurde. Hier schließt sich dann auch wieder der Kreis zu dem Satz: *Die Haut ist die dritte Niere!*

9. Nerven- und Gemütskrankheiten

Der österreichische Psychiater und Nobelpreisträger von 1927 *Julius Ritter von Wagner-Jauregg* (1857—1940) hatte *Behandlungen der Paralyse* mit überimpften Malariaerregern durchgeführt, um ein *Heilfieber* zu erzeugen. *Jauregg* hat auch die günstige Wirkung von Abführmitteln auf den Verlauf von Krankheiten, auf die Prophylaxe derselben, auch bei Geisteskranken, systematisch erprobt. Er war durch seine Arbeiten zur Überzeugung gekommen, daß durch die Verabfolgung einer entsprechenden Dosis von Calomel zur rechten Zeit gar manchem der Weg in die Anstalt erspart werden könnte. Es war ihm gelungen, schwer psychisch Erkrankte mittels sachgemäßer Anwendung von Calomel in kurzer Zeit wieder aus den Anstalten herauszuführen [22]

F. X. Mayr schildert in seinem Buch „Die verhängnisvollste Frage" den typischen Fall einer Melancholie [22]: Patientin, 45, immer schon melancholisch verstimmt, seit dem Tod ihres Mannes jedoch noch mehr niedergeschlagen. *Mayr* fand den Verdauungsapparat in einer trostlosen Verfassung. Nach einer Kur von einigen Wochen war die Patientin so lebenslustig, daß sie eine Reise in den Orient unternahm.

Diese Patientengeschichte steht auch in unserer Zeit für viele Patientenschicksale. Nicht immer, oder nur sehr langwierig lassen sich psychische Krankheiten mit klassischen Psychopharmaka heilen. Andere Wege sind bei *Friebel/Hoffmann* [4] und *Pfeiffer* [27] beschrieben. Es erfordert aber sehr viel Überzeugungskraft, auch für das Umfeld des Patienten, um eine kausale Heilung über die innere Reinigung eines Menschen zu erzielen.

Fall 22: Gärtner, 27, Zwillingskind, pränatal. Ateminsuffizienz, kam nach erfolgloser stationärer und ambulanter psychiatrischen Behandlung. Von Kopf bis Fuß humoralpathologische Kriterien für eine Übersäuerung, stechende Augen, grauschmutziges Hautkolorit, keiner normalen Reaktion fähig. Fester Gaskotbauch nach *Mayr*-Diagnostik. Beachtlich ist die erste *Bestimmung des Säure-Basen-Haushaltes:*
30. 01. 87: pHB 7,60; PB 44,5; PPL 24,0; IZP 20,5; BE -4,0.
Aber bei einem Hämatokrit von 60 % und Hämoglogin 20,0 g%!
Langwierige, aber erfolgreiche Behandlung mit Aderlässen, salinischen Lösungen zur Darmreinigung, Elektrolytzufuhr, alkalischen Medikamenten, später auch Colon-Hydro-Therapie.

Dieser Fall zeigt, daß hier die klassische Methodik der Heilung einer chronischen Psychose mit frühkindlicher Hirnschädigung an eine therapeutische Grenze gelangt war. Durch eine Reinigung und natürliche Substitution von innen her gelang der Wiederaufbau bis zu einer gewissen Grenze. Wichtig dabei ist die Interpretation des ersten SBH bei pathologisch erhöhtem Hämatokrit und Hämoglobin. Es liegt eine typische *„larvierte schwergradige Azidose"* durch die Pufferung mit Hämaglobinat vor.

Die folgende Patientendarstellung ist für mich besonders tragisch, da bei der retrospektiven Betrachtung klar ersichtlich wurde, daß die Patientin nie aus ihrer intrazellulären Azidose herausgekommen ist. Besonders tragisch deshalb, da nach mehreren erfolglosen Selbstmordversuchen der letzte für die Patientin zur Erlösung führte.

Fall 23: Hausfrau, 40, chronisch depressiv, kam nach monatelanger Cystitis in Behandlung.
Therapie:
Basenmischungen, Elektrolytzufuhr, Vollwerternährung.
Messung des Säure-Basen-Haushaltes:
12. 09. 86: pHB 7,50; PB 37,5; PPL 21,0; IZP 16,5; BE −7,0
24. 11. 86: pHB 7,52; PB 38,0; PPL 21,0; IZP 17,0; BE −7,0
22. 01. 87: pHB 7,70; PB 44,5; PPL 25,0; IZP 19,5; BE −3,0
29. 07. 87: pHB 7,50; PB 42,0; PPL 23,0; IZP 19,0; BE −5,0

Sicherlich ist in diesem Fall neben dem Säure-Basen-Geschehen auch an eine genetische Belastung zu denken. Die Erfahrung zeigt aber, daß Basen- und Elektrolytzufuhr als Ausgleich wirken können. In vielen Fällen besteht neben der Krankheit der Seele eine körperliche Erkrankung, ein psycho-somatisches Problem im wahrsten Sinn des Wortes. Es kann ein ständiger Herzdruck oder Herzrasen sein, Magenprobleme, aber auch schon Nieren- und Gallensteine in jungen Jahren. All diese Erkrankungen haben aber ihre Ursache in einer chronischen Übersäuerung, oder zumindest in einer schwerwiegenden Lokalazidose.

Beispielhaft verschwanden bei einer Patientin die Symptome depressives Erschöpfungssyndrom, ständige Herzryhthmusstörungen und Schlaflosigkeit durch die Therapie mit Basenpulver, Mineralzufuhr und Ernährungsumstellung im Säure-Basen-Gleichgewicht.

Leider gibt es natürlich auch Patienten mit psychischen Veränderungen, seien es depressive Verstimmungen oder auch verstärkte Reizbarkeit bis hin zur Hysterie, die den Weg der Therapie im Säure-Basen-Gleichgewicht nicht gehen wollen, oder auch aktuell nicht einsichtig sind. Dies ist immer wieder bedauerlich, da viele Patienten glücklich sind, aus der psychischen Säurestarre herausgekommen zu sein.

Oft besteht bei der klinischen Untersuchung der *Verdacht auf eine Schilddrüsenfunktionsstörung,* obwohl die Laborwerte normal sind. Es liegen verschiedene Fälle von Patientinnen vor, die dann eine *deutliche intrazelluläre Azidose* neben einem negativen Base-Excess aufweisen.

Auch die *„Verlegenheitsdiagnose: vegetative Dystonie"* läßt sich faßbar mit einer *Übersäuerung* belegen. Die Wirksamkeit einer Entsäuerungstherapie wird verständlich, wenn man bedenkt, daß eine Verschiebung des Säure-Basen-Gleichgewichts in Richtung Übersäuerung stets auch eine Verschiebung im Gleichgewicht des vegetativen Nervensystems in Form einer Überfunktion des Sympathicus, eine *Sympathikonie* bedingt.
Durch diese Sympathikonie kommt es zu einer spastischen Engerstellung der Arterien mit Kreislaufstörungen und hypotonen Zuständen, die Neigung zu Hyperglykämie und diabetischen Stoffwechselregulationsstörun-

gen — auch bei scheinbaren Nichtdiabetikern —, zu einer Tendenz zu Hyperthyreose mit unklaren Tachykardien, zu Karies, Parodontose und Osteoporose. Eine lymphatische Abwehrschwäche, wiederholte Entzündungen, Krampfbereitschaft, Migräneanfälle oder spastische Kopfschmerzen sind weitere Krankheitsbilder dieser Nervengleichgewichtsstörung [39].

Entsprechend muß also eine *kausale Therapie von Nerven- und Gemütskrankheiten mit einer Säureausleitung, Säureausgleich und intensiver Mineralstoffzufuhr* eingeleitet werden. Nur in wenigen Fällen wird dann noch ein leichtes Psychopharmakon als „Krückstock" für eine gewisse Zeit notwendig sein.

Es ist auch bekannt, daß negative Gedanken säuern, und positive Gedanken basisch ausgleichend wirken. Deshalb ist eine psychische Aufhellungsführung auch wichtig.

Der Patient kann selbst dazu beitragen, wenn er über die Zusammenhänge aufgeklärt wird.

10. Schwangerschaftserkrankungen

Vorherrschendes Kriterium eines gestörten Schwangerschaftsverlaufes ist die Emesis, bzw. Hyperemesis gravidarum. Klassischerweise wird ein Antiemetikum gegeben, den Frauen zu viel Ruhe geraten, oder auch ein Diätplan gegeben, mit der Auflage, bestimmte Speisen zu meiden.

Im Lauf der Untersuchungen konnte ich an schwangeren Patientinnen mit diesen Beschwerden immer wieder einen gestörten Säure-Basen-Haushalt feststellen. Es war nicht nur die Minderung des Vollblut- und des Plasmapuffers, sondern auch das Auftreten der intrazellulären Azidose zu beobachten.

Der Volksmund sagt: Jede Schwangerschaft kostet die Frau einen Zahn. So ganz wörtlich ist dies wohl nicht gemeint, aber es kostet eine schwangere Frau annähernd die Menge Calcium, die einem Zahn entspricht, die das Kind zur Entwicklung an sich reißt.

Es ist deshalb von enormer Wichtigkeit, *während der Schwangerschaft genügend Mineralstoffe zuzuführen* (siehe unter Therapie mit Medikamenten). Es lassen sich dann auch Krankheiten der Neugeborenen und heranwachsenden Kinder vermeiden, die nach meiner Beobachtung als Mangelsyndrom zu deuten sind, wie zum Beispiel Hautkrankheiten und allergische Schwächen. Sicherlich spielen in diesen Fällen auch genetische Faktoren eine Rolle, bei genauer Anamnese läßt sich aber bei derart erkrankten Kindern eine „Urschwäche“ in Form eines embryonalen Mineralstoffmangels feststellen.

Die Tabelle 1 zeigt Messungen bei verschiedenen Patientinnen. Bei 15 Erstmessungen ist 11 mal (73%) der Intrazellulärpuffer erniedrigt, damit besteht ein erheblicher Mineralstoffmangel.

Tab. 1: Schwangerschaftsmessungen

Patient	Datum	pHB	PB	PPL	IZP	BE
A.I.	13. 07. 87	7,59 —	38,0 —	19,0 —	19,0 —	− 9,0
B.P.	17. 10. 88	7,50 —	40,0 —	22,0 —	18,0 —	− 6,0
G.I.	09. 01. 90	7,51 —	40,0 —	20,5 —	19,5 —	− 7,5
G.A.	02. 10. 86	7,68 —	38,0 —	19,5 —	18,5 —	− 8,5
H.M.	13. 09. 88	7,50 —	42,0 —	24,0 —	18,0 —	− 4,0
	05. 01. 89	7,45 —	41,0 —	21,0 —	20,0 —	− 7,0
H.C.	12. 02. 90	7,44 —	39,0 —	20,5 —	18,5 —	− 7,5
H.A.	13. 10. 89	7,42 —	44,0 —	21,0 —	23,0 —	− 7,0
K.M.	17. 08. 87	7,51 —	40,0 —	22,0 —	18,0 —	− 6,0
K.R.	10. 08. 88	7,60 —	39,5 —	20,5 —	19,0 —	− 7,5
N.A.	25. 01. 89	7,45 —	38,0 —	22,0 —	16,0 —	− 6,0
P.E.	27. 10. 86	7,46 —	34,0 —	19,0 —	15,0 —	− 9,0
S.H.	30. 09. 86	7,60 —	41,0 —	20,5 —	20,5 —	− 7,5
S.E.	09. 06. 88	7,45 —	35,0 —	19,5 —	15,5 —	− 8,5
S.R.	19. 02. 90	7,43 —	40,0 —	18,0 —	22,0 —	−10,0
W.K.	25. 04. 88	7,50 —	42,0 —	20,0 —	22,0 —	− 8,0

Bei der Pat. H. M. bestand eine *Hyperemesis gravidarum,* die sich durch Infusion einer Ringerlösung mit Zusatz von 50 ml Natriumbicarbonat 8,4% eindrucksvoll bessern ließ, im weiteren Verlauf war dann nochmals eine Infusion mit 150 ml Natriumbicarbonat notwendig, dann aber ungestörter Schwangerschaftsverlauf bis zur problemlosen Entbindung.

Teilweise wird in der Schwangerschaft eine respiratorische Alkalose festgestellt [46]. Dies ist am pH-Wert auch in der Tabelle festzustellen. Aber bei diesen Fällen (pH-Wert über 7,50) ist immer ein negativer Base-excess und meist auch eine intrazelluläre Azidose festzustellen.

In diesem Zusammenhang ist die Feststellung interessant, die Prof. Saling auf dem 14. Deutschen Kongreß für perinatale Medizin getroffen hat, daß nämlich durch rechtzeitige vaginale pH-Messungen eine Frühgeburt verhindert werden kann. Sinkt der pH-Wert unter 4,5, so kann es zur Keimaszension als häufigste Ursache für eine ungewollte, vorzeitige Schwangerschaftsbeendigung kommen. Für diesen Zweck kann die einfache Meßsonde verwendet werden, wie sie auch für die Bestimmung des Säure-Basen-Haushalts dient.

11. Krankheitsfälle bei Kindern

Prinzipiell sind die folgenden Krankheitsfälle auch bei anderen Gruppen einzuordnen. Um aber die schwerwiegende Übersäuerung bereits der Kinder zu betonen, soll dies in einem eigenen Kapitel herausgestellt werden.

Fall 24: Mädchen I., 6, mit 2 Jahren Bronchitis, danach bei fehlender Toxinausleitung erstmalig Arthritis linkes Knie mit Übergang in rheumatoide Arthritis.
Messung des Säure-Basen-Haushaltes:
02. 02. 90: pHB 7,44; PB 42,0; PPL 22,0; IZP 20,0; BE -6,0.
Therapie:
Basica Pulver, Beachtung der Ernährungsweise, Colibiogen, Sulfredox Dragees, nur im Notfall Diclofenac. Zu diesem Zeitpunkt bestand eine zwar leichte, chronische Schwellung, jedoch keine Schmerzhaftigkeit.
Kontrollmessung:
18. 04. 90: pHB 7,44; PB 38,5; PPL 21,0; IZP 17,5; BE -7,0.
Die Schwellung war trotz der verschiedenen Therapeutika stärker geworden, ging auch nicht zurück, erst eine Punktion brachte dann Besserung. Die Zunahme der Entzündung zeigt sich in der Abnahme des Vollblut- und Intrazellulärpuffers.

Dieser Fall bestätigt die allgemeine Erfahrung:
Entzündliche Prozesse gehen immer einher mit sauren Stoffwechselvorgängen. Dies bedeutet, daß nicht nur lokal behandelt, sondern daß auch ganzheitlich der Säure-Basen-Haushalt in die Therapie einbezogen werden muß.

Ein 11jähriger Bub klagte schon länger über *rezidivierende Bauchschmerzen.* Eine *Appendektomie* brachte *keine Besserung* dieser Beschwerden. Nach der Diagnostik nach *F. X. Mayr* lag hier ein kindlicher Gaskotbauch vor als Zeichen einer chronischen Enterokolitis. In einem fast identischen Fall wies *F. X. Mayr* [22] schon 1920 *„auf den großen Bauch als Quelle der Säure im Blut* hin und erklärte, der Bauch sei nicht groß, weil er voll Fett sei, sondern voll von dem zuviel genossenen Obst, Gemüse und den Mehl- und Milchspeisen, die da selbst vergären".

Bei einem anderen Mädchen zeigte die Diagnostik nach *Mayr* ein festes entzündliches Dünndarmpaket, Galle- und Dickdarmbelastung. Einhergehend waren erniedrigte Blut- und Plasmapuffer und die Aufdeckung der intrazellulären Azidose.

Ein 13jähriger Bub fiel schon länger wegen ausgeprägter *Säurezunge mit Einrissen* und Hyperhidrosis der Hände auf. Die Meßergebnisse ergaben jedoch keine direkten Hinweise für eine akute Azidose. Schon bei einem Säugling von 6 Monaten konnte eine Säurezunge beobachtet werden, wobei in diesem Fall eine Übertragung aus der Schwangerschaft diskutiert werden muß, da die Mutter in der Schwangerschaft erhebliche Säurebeschwerden hatte.

Häufig treten die *„Wechselkrankheiten" Neurodermitis und Asthma bronchiale* nacheinander auf. Die Messungen ergaben meist eindeutige Ergebnisse: Verminderung der Blut- und Plasmapufferkapazität und intrazelluläre Azidose. Durch die entsprechende zusätzliche Basenbehandlung erfolgte meist in kurzer Zeit eine Besserung des bis dahin therapieresistenten Krankheitsbildes.

Fall 25: Mädchen A., 13, Z. n. Herzoperation als Säugling wegen Transposition der großen Gefäße, jetzt Sick-Sinus-Syndrom mit dauernden Rhythmusstörungen, die öfters Anlaß zur stat. Behandlung gaben, weil Elektroschocks in Narkose notwendig waren. Durch Zufall kommt sie in meine Behandlung wegen multipler Hämatombildung an beiden Beinen.
Messung des Säure-Basen-Haushaltes:
20. 04. 90: pHB 7,37; PB 39,0; PPL 21,0; IZP 18,0; BE -7,0.
Labor: BKS 12/26, Hb 14,5 g%, Leuko 11500, Quick 38%, Gamma-GT 30 U/L, GOT 18 U/L, GPT 14 U/L.
Therapie:
Acidovert Tabletten und Neukönigsförder Mineraltabletten.
Kontrollmessung:
31. 05. 90: pHB 7,45; PB 43,0; PPL 21,0; IZP 22,0; BE -7,0.
Verbesserung von PB und IZP.

In der weiteren Beobachtungszeit hat sich keinerlei Rhythmusstörung mehr ergeben. Diätetisch wurden ihr Gebäck und Süßigkeiten verboten, die sie vorher reichlich genascht hatte.

Auch die *Windeldermatitis* der Säuglinge und Kleinkinder läßt sich auf eine Übersäuerung zurückführen, allein schon am säurescharfen Stuhl und der daraus resultierenden Entzündungen zu diagnostizieren. Gabe von Basica, oder kleine Bicarbonatklistiere helfen schneller, als dauerndes Salbenauftragen.

Auch *Fieberzustände bei Kindern* bekommt man wesentlich schneller und nachhaltiger in den Griff, wenn so rasch wie möglich kausal im Sinne der Entsäuerung vorgegangen wird.
So empfehle ich:

- Trinken von F. X. Passagesalz zur Darmreinigung
- Baseneinläufe
- Trinken von verdünnten Gemüsesäften oder Basenbrühe
- Kräutertees: Kamille, Fenchel
- Gabe von Basica
- zum Aufbau Kartoffel- und Gemüsegerichte
- strenges Verbot von Zuckerlimonaden

Auch das *Erbrechen der Kinder* nach verschiedenen Festen mit dem Übermaß an sauren Speisen (Würstchen, Eis, Limonade, Schokolade) ist ein Notventil des Körpers, sich so rasch wie möglich seiner Säuremengen zu erledigen.

Ebenso ist die *Hyperaktivität der Kinder*, die im modernen Sprachgebrauch mit verschiedenen Namen belegt wird (hyperkinetisches Syndrom, minimale zerebrale Dysfunktion, Aufmerksamkeits-Defizit-Störung, Lernstörung, Verhaltensstörung) vorwiegend auf eine generelle Übersäuerung zurückzuführen. Bei diesen Kindern mag eine gewisse cerebrale Schwäche aus verschiedenen Gründen vorliegen, nach meiner Erfahrung ist aber der Auslöser allein die Übersäuerung, deren Ursache in den meisten Fällen durch eine Dysbiose und chronische Entzündung im Darmbereich zu suchen ist. Diese Meinung vertritt auch *W. Hallermann* in der Zeitschrift „Der Naturarzt" 8/90. Durch Rückführung der Kinder aus der Übersäuerung und eine entsprechende kausale Darmbehandlung nach *F. X. Mayr* lassen sich rasch Erfolge erzielen.

12. Durchblutungsstörungen

Voruntersuchungen hatten schon aufgezeigt, daß auch bei den peripheren Durchblutungsstörungen in den meisten Fällen erhebliche metabolische Azidosen vorlagen. Meist besteht auch ein Diabetes mellitus mit der Komplikation Ketoazidose.

Fall 26: Rentner, 76, Hypertonie, Diabetes mellitus, Z. n. Unterschenkelamputation rechts 6/81 wegen diabet. Angiopathie, Niereninsuffizienz I. Grades, Hyperurikämie, Fettleber, kam erstmals 6/86 mit *schwerer Angiopathie des linken Beines.*

Beginn der Behandlung mit den verschiedenen Möglichkeiten der Ozon-Sauerstoff-Behandlung (großes Eigenblut, Beutelbegasung, intraarterielle Injektionen), innerhalb von 4 Wochen Schmerzen beseitigt, merkliche Ausheilung, 7/86 zunächst Amputation Endglied 2. Zehe, dann auch noch Grundglied notwendig, bis 9/86 Bein rosig und abgeheilt.

Messungen des Säuren-Basen-Haushaltes:

fast ständige intrazelluläre Azidose (IZP bis zu 14,5).

Labor: Hyperurikämie (6—10 mg%), Kreatinin (1,5—2 mg%), Harnstoff (100—150 mg%).

Therapie: Kaiser-Natron-Tabletten, Allopurinol, homöopathische Nierenanregung.

Der Patient war über die Jahre völlig schmerzfrei, und konnte sich mit einer neuen Prothese selbst versorgen.

Ausgehend von den Feststellungen von *Wendt* [53] und *Kern* [12], daß die Durchblutungsstörungen im pathopysiologischen Sinn Übersäuerungszustände sind, habe ich aufgrund der allgemeinen positiven Erfahrungen versucht, Natriumbicarbonat direkt zur Pufferung in diese Zonen zu bringen, also intraarteriell zu injizieren (Technik siehe Abschnitt 5/1/e).

Inzwischen liegen sehr gute bis befriedigende Ergebnisse bei 20 Patienten vor. Retrospektiv betrachtet, muß man das Ergebnis „befriedigend" auf eine Unterdosierung zurückführen.

Eine Fallstudie soll die Besonderheit der neuen Technik veranschaulichen.

Fall 27: Rentner, ehem. Bergmann, 77, schwere arterielle Durchblutungsstörungen beider Beine, beide Füße grau-zyanotisch, periphere Pulse nicht tastbar. Zuweisung durch einen Kollegen, da die klassische Therapie ausgereizt war. Bereits nach der 1. Injektion mit 4 ml Procain 1% und 5 ml Natriumbicarbonat 8,4% kommt es zu einer rosigen Färbung fast des ganzen Fußes, der Schmerz hat deutlich nachgelassen. Bei den weiteren Injektionen erfolgt Zusatz eines Sauerstoff-Ozongemisches entsprechend den Richtlinien der Ärztlichen Ozongesellschaft. Es ergibt sich dabei eine Wirkungssteigerung. Nach jeweils 5 Injektionen in beide Femoralarterien ist der Patient völlig schmerzfrei, die Hautfärbung bleibt gut, und die Zehennägel, die vorher völlig atrophisch waren, zeigen neues Wachstum. Eine Wegstrecke von 1 km bei langsamem Gehen ist jetzt wieder möglich.

Bei der Behandlung eines *chronisch-venösen Stauungssyndroms* im Unterschenkel war noch während und nach der Injekion eine feine Fältelung der Haut zu beobachten, als Zeichen der Rückläufigkeit der Stauung. Bei der nächsten Behandlung war das Bein wesentlich dünner und heller.

Bei einem ausgeprägten *Decubitus* an einem Fuß, entstanden nach Apoplex, gab es ernsthafte Überlegungen zur Amputation, da die bisherige lokale Therapie insuffizient war. Die Injektionstherapie mit Natriumbicarbonat führte jedoch zum raschen Verkleinern der beiden Decubitalgeschwüre und zum baldigen, gänzlichen Abheilen.

Dieses Beispiel war für mich selbst völlig unerwartet und überraschend in der Wirkung. Dadurch bewiesen sich die Feststellungen von *Wendt* und *Kern,* daß in Gebieten schmerzhafter Durchblutungsstörung und Ödemansammlung lokale Übersäuerungszustände vorliegen.

13. Sportmedizin

Schon 1985 hieß es in einer Pressemitteilung, die deutsche Fußball-Nationalmannschaft zähle wieder. Eine neue Trainingsmethode sei übernommen worden: Dabei handelte es sich um ein laktatgesteuertes Training.

Am 10. April 1987 starb die Sportlerin *Birgit Dressel.* Eine große Diskussion entbrannte bei ihrem Tod um die Schuldfrage. War die Sportmedizin schuld oder die Allgemeinmedizin? Es ging damals um die Gabe von schmerzlindernden Medikamenten, die einen körperlichen Zusammenbruch einleiteten.

Beim ersten Weltmeisterschaftsspiel der deutschen Fußballnationalmannschaft in Italien bekam ein hochgradiger Spieler nach relativ kurzem Einsatz einen Wadenkrampf. Beim Betrachten dieser Szene stellte sich sofort die Frage, wie so etwas bei einer guten Vorbereitung geschehen kann. Es wurde also der Mineralhaushalt doch nicht genügend aufgefüllt, so daß ein Magnesiummangel in einer leichten Belastungssituation auftreten konnte. Oder anders ausgedrückt, die auftretende Muskelmilchsäure mußte auch auf Kosten des Mineralhaushalts gepuffert werden, oder die Basenreserven waren für die zu erwartenden Spitzenbelastungen zu gering.

Fall 28: Triathlet, 38, kommt mit Leistungsproblemen, Schmerzen der unteren LWS.
Messung des Säure-Basen-Haushaltes:
18. 04. 88: pHB 7,60; PB 42,0; PPL 23,0; IZP 19,0; BE -5,0.
Therapie:
Basica Pulver, BrotTrunk und Sportkraftriegel nach *Kanne*, einmal am Tag kurz aufgekochter Hafer-Dinkel-Brei, Ernährungsumstellung hin zu Kartoffeln und Gemüse.
Kontrollmessung:
26. 05. 88: pHB 7,45; PB 48,0; PPL 25,0; IZP 23,0; BE -3,0.
Diese Kontrollwerte zeigen eine Normalisierung, bzw. gute Besserung, der Sportler hat den nächsten Marathonlauf bestens überstanden und keine Leistungsprobleme gehabt.

Dieses Beispiel zeigt, wie durch eine einfache *biochemische Führung* eine *physiologische Leistungssteigerung* möglich ist. Es wäre also in der Sportmedizin ein *physiologisches Doping*, sich in der Trainingsphase mit Bicarbonat und Elektrolyten vollzustopfen (=puffern), um genügende Reserven aufzubauen. Im Wettkampf, vor allem bei einer längerdauernden Belastung, kann es durch die Puffermöglichkeit nicht zu einer Milchsäureüberhäufung und dadurch zu einem oft unklaren Zusammenbruch kommen. Außerdem trägt die Bicarbonatgabe vor einem Wettkampf zum physiologischen Beruhigen bei, das mentale Vorbereiten wird dadurch sogar noch gesteigert. Die Motivation für den Wettkampf beibt völlig unbenommen.
Fazit: Es ist Zeugnis einer fehlgeleiteten biochemischen Pufferung, wenn Wadenkrämpfe bei Sportlern auftreten, für die Betreuer ist es ein Armutszeugnis. Das Leistungslimit ergibt sich aus der Pufferkapazität, d. h., bei einer körperlichen Anstrengung kann nur eine bestimmte Menge Muskelmilchsäure vorübergehend gepuffert werden. Wird die Pufferkapazität überschritten, kann es zu einem plötzlichen, biochemisch bedingten Zusammenbruch kommen.

14. Zahnerkrankungen

Nachdem die Übersäuerung den ganzen Körper betreffen kann, macht sie auch vor der Mundhöhle nicht Halt.
Bei den Erkrankungen der Zähne und der Mundhöhle müssen *3 Erkrankungen* unterschieden werden:
allgemeine Zahndegeneration — Karies — Parodontose

Bedeutsam ist bereits die *Funktion des Speichels.* Er soll zwischen den Mahlzeiten basisch sein. Dabei ist das Ferment Ptyalin nur im basischen

Bereich wirksam. Nur der basische Speichel kann Zähne und Zahnfleisch gegen Säureschäden schützen. Der saure Speichel stellt neben den weit verbreiteten Süßigkeiten eine Mitursache des allgemeinen Zahnverfalls dar.

Die allgemeine Zahndegeneration muß in der Gesamtschau des Säure-Basen-Gleichgewichts gesehen werden. Es wurde bereits erwähnt, daß eine Schwangerschaft die Mutter symbolisch oder auch real einen Zahn kosten kann. In diesem Fall ist es die Calciummenge, die sich ein Kind von der Mutter holt. Außerhalb einer Schwangerschaft ist es das Pufferungsproblem der Säuren, die durch die Ernährung, besonders durch das Eiweiß, in den Körper gelangen, oder durch eine Gärung gebildet werden. Diese Säuren gelangen ins Blut, werden aktuell durch vorhandene Pufferreserven neutralisiert, bei Mangel müssen Basen aus dem Körper mobilisiert werden. Und diese Basen werden aus Geweben, Organen, Knochen, Bandscheiben und eben Zähnen abgezogen. So erklärt sich das Brüchigwerden so manchen Zahnes.

Karies ist nach Schöttl [42] kein reines Putzproblem, wie es im allgemeinen dargestellt wird. Er sieht folgende *Kausalfaktoren:*

- Säureüberschuß im Organismus,
- gestörtes Mundmilieu mit falschem pH und mit Dysbiose,
- eine mögliche Organbelastung über den energetischen Weg der Meridiane als chronischer Lokus minoris resistentiae,
- die örtliche, „mechanisch-chemische Entstehung" der Karies;
  sie ist zwar plaque- und bakterienbedingt, aber wie immer sind die Bakterien nicht die Ursache, sondern die Folge der Milieuänderung.

Schöttl diskutiert auch die mechanische Zahnreinigung. Eine vernünftige, mechanische Reinigung mit Zahnbürste, Zahnseide und Munddusche ist notwendig. Über Nutzen und Schaden der verschiedenen chemischen Mittel (Zahncreme oder Mundwasser) sei aber hier nicht gesprochen. Dazu nur so viel: Möglicherweise entsteht durch die Zerstörung der Bakterienflora (nicht nur des Mundes) mehr Schaden, als daß die Reinigung nutzt.

Die *Parodontose* ist *nach Wendt* [53] *eine Eiweißspeicherkrankheit* des Zahnfleischinterstitiums. Das krankhaft verdickte Interstitium des Zahnfleisches staut den Nährstoffstrom und behindert die Zellernährung. Dadurch erleiden die Zellen der Kiefer Nährstoffmangel, Wassermangel und Sauerstoffmangel. Aber auch der Schlackenabstrom der Zellen wird im verengten Interstitium gestaut. Da die Stoffwechselschlacken meist azidotisch sind, entwickelt sich dort eine Azidose. Dadurch verliert das Kollagen seine Elastizität, es wird spröde und brüchig. Da beim Kauakt enorme Kräfte auf die Zähne und den Halteapparat einwirken, wird das veränderte

Kollagen Mikrorisse erhalten, und es kommt zu allmählicher Lockerung der Zahnwurzel.

Zwei Formen der Parodontose sind nach *Wendt* noch zu unterscheiden: Die *relativ gutartig und langsam verlaufende Parodontose* bei übergewichtigen Patienten nach dem 40. Lebensjahr. Da diese Form durch Eiweißüberernährung entstanden ist, kann sie auch durch Eiweißfasten und Alkalitherapie geheilt werden.

Die *bösarige, schneller und schwerer verlaufende Parodontitis* ist dagegen eine *Antigenopathie.* Hier ist die Ursache eine Antigenämie. Diese Form trat bis jetzt meist beim Diabetiker Typ I auf, der noch mit Fremdinsulin behandelt wurde. Es können aber auch andere Eiweißstoffe als Antigene wirken.

15. Veränderungen bei Vollwerternährung und Fastenkuren

Ergebnisse bei Vollwerternährung

Schon vor Jahrzehnten ging die Bewegung „Zurück zur Natur" durch das Land. In unserer Zeit ist die erneute Besinnung auf die Natürlichkeit bei der gesamten Umweltproblematik dringend notwendig. Dabei wird natürliche Ernährung herausgestellt, und „Körnergerichte und -produkte sind ‚in'"! Die Vollwerternährung hat bereits ihren festen Platz in der Ernährungsmedizin [16].

Aber aus medizinischer Sicht bedeutet Vollwerternährung noch lange nicht die totale Gesundheit. Viele klagen darüber, daß nach einer Ernährungsumstellung dauernd ein Völlegefühl besteht, und sie wenden sich von der Körnerkost wieder ab. Zur *Begriffsbestimmung:* Vollwerternährung ist nicht allein der Verzehr von Vollkornprodukten, also von Erzeugnissen aus dem ganzen, vollen Korn. Es gehören dazu auch Gemüse, Milchprodukte und Fleischgerichte in kleiner Menge. Nur wird landläufig oft der Begriff Vollwert = Vollkorn gesetzt. Und dies führt zu Irrtümern.

Vollkornprodukte sind den sauren Lebensmitteln zuzuordnen.

Zwar vermögen die enthaltenen Mineralstoffe gegenüber dem Weißmehl (= Auszugsmehl) einiges auszugleichen, aber nur

Vollkornernährung ohne basischen Ausgleich ist nicht ratsam.

Deshalb konnten auch bei Vegetariern und bei Patienten mit reiner Vollkornernährung überraschende Feststellungen getroffen werden.

Fall 29: Patientin S., 48, Anhängerin einer indisch beeinflußten vegetarisch-religiösen Glaubensgemeinschaft, klagt über Beschwerden im Sinne der vegetativen Dystonie (= Säurebelastung!).

Messung des Säure-Basen-Haushaltes:
pHB 7,46; PB 44,0; PPL 22,0; IZP 17,0; BE -6,0.
Therapie: Diätführung, Basenpulver.
Kontrollmessung:
pHB 7,30; PB 44,0; PPL 22,0; IZP 22,0; BE -6,0.
Auffallend anfangs wieder die intrazelluläre Azidose, die sich deutlich von 17 auf 22 bessern ließ!

Fall 30: Patientin M., 35, fanatische Vollkornköstlerin, klagt über keine direkten Beschwerden, aber folgendes
Meßergebnis:
pHB 7,45; PB 38,0; PPL 22,0; IZP 16,0; BE -6,0.
Dieses Ergebnis war auch für die Patientin überraschend, PB, PPL und IZP deutlich erniedrigt, besonders wieder auffallend IZP!
Therapie: Diätführung
Kontrollmessung nach 4 Wochen:
pHB 7,35; PB 44,0; PPL 23,0; IZP 21,0; BE -5,0.

Besonders schwerwiegend ist bei diesen beiden und bei vielen anderen Fällen die intrazelluläre Azidose!

Ganz offensichtlich führt die zu stark nach gewissen modernen Ernährungsregimen ausgerichtete Kost in der Mehrzahl der Fälle zu starker Übersäuerung, insbesondere dort, wo nur die theoretischen Werte der Nahrungsmittel berücksichtigt werden (wie z. B. Vitamine, Frischkost), und nicht die Verdauungskraft, da es dabei sicher zur chronischen Darmgärung und dadurch zur Übersäuerung kommt.

Ergebnisse bei Fastenkuren

Geschickte Fasten- und Diätvorschläge lassen überflüssige Pfunde in wenigen Tagen purzeln, weil als erstes reichlich Wasseransammlungen ausgeschieden werden. Wenn es an das „Eingemachte“ geht, dann geht es langsamer, und es muß ein gehöriges Maß an Motivation zum Weitermachen vorliegen. Es treten dann auch Heilreaktionen wie Gichtbeschwerden, Schwindelzustände, Kopfschmerzen, Hämorrhoidenprobleme und auch andere Probleme auf. Aus der Sicht des Säure-Basen-Haushalts sind dies Säureprobleme! Es ist bekannt, daß die Harnsäure bei Fastenkuren in kurzer Zeit steil ansteigt.

Es ist aber nicht nur die Harnsäure, die sich verändert, sondern auch die Gesamtheit des Säure-Basen-Status. Aus dem Bindegewebe strömen die losgelösten Säuren ins Blut und verändern die Pufferverhältnisse drastisch. Es kann hier deshalb nicht eindringlich genug auf die Ausleitung und Pufferung hingewiesen werden, unnötige Heilreaktionen lassen sich vermeiden. Dadurch bleibt die Motivation für eine Kur erhalten, ansonsten erfolgt meist ein Abbruch.

An diesem Punkt zeigt sich die *Güte einer Fasten- oder Reduktionskur im Lichte des Säure-Basen-Haushalts.* Es hilft nicht allein, die Kalorienzufuhr zu bremsen, es muß unbedingt auf die *Ausleitung (= Ausscheidung) der Stoffwechselschlacken,* gleichzusetzen mit Säuren, hingewiesen werden. Kaffee zählt nicht als neutrale Flüssigkeit, wie bereits dargestellt, auch nicht kohlensäurehaltige Mineralwässer. Es müssen stille Mineralwässer empfohlen sein, daneben Kräutertees, und die Tagestrinkmenge soll 2—3 Liter betragen. Es ist meine Erfahrung aus Fastenkursen, daß viele Menschen nicht mehr trinken können! Vor allem Frauen schaffen es nicht mehr auf Anhieb diese Flüssigkeitsmenge an einem Tag zu trinken! *Die Zufuhr von genügend Spülflüssigkeit muß also wieder trainiert werden, um den Körper genügend drainieren zu können!*

Kuren „stehen“ aus allgemeiner Erfahrung, wenn nicht genügend Flüssigkeit oder basische Lebensmittel zugeführt werden, bei Fleisch im Übermaß wird unweigerlich eine Säurestarre aufgebaut, gleichbedeutend mit Gewichtsstillstand. Es muß die *Hinführung zu einer gesamten Ernährungsumstellung* erfolgen. (Es darf schon hier auf die „4 S“ verwiesen werden, die später erläutert werden.)

Bei einer Teilnehmerin ergaben sich folgende Meßergebnisse des Säure-Basen-Haushalts:

pHB 7,44; PB 34,0; PPL 21,0; IZP 13,0; BE -7,0 Kurbeginn
pHB 7,60; PB 44,5; PPL 27,0; IZP 17,5; BE -1,0 nach 6 Wochen
pHB 7,52; PB 42,5; PPL 23,5; IZP 19,0; BE -4,5 nach 12 Wochen

Die Werte zeigen eine gute Zunahme der Pufferkapazität im Blut, und auch des Intrazellulärpuffers. Die Patientin fühlte sich auch subjektiv wohler. Aber trotzdem reicht dieses Programm zur völligen Sanierung des Säure-Basen-Haushalts in unserer Zeit nicht aus. Es sind außerdem die menschlichen Schwächen zu berücksichtigen, und daß alte Fehler gerne wiederholt werden.

Die *Dokumentation meines eigenen 3. Ausbildungskurses in Diagnostik und Therapie nach F. X. Mayr* im Frühjahr 1988 am Wörthersee zeigt die erhebliche Kinetik besonders der ersten Tage im Säure-Basen-Verhalten (Tab. 2). Diätform: Milchdiät nach *Mayr.* Das Absinken des Intrazellulärpuffers ist besonders zu beachten, da es die Fastenkrisen der ersten Tage widerspiegelt.

Zu betonen ist nochmals die große Umwälzung, die durch das Fasten im Säure-Basen-Haushalt stattfindet. Es herrscht eine völlige Übersäuerung, auch eine erhebliche intrazelluläre Azidose, da aus dem Bindegewebe sehr viel ausgeschwemmt wird, dann im Blut vorhanden ist, und erst über die

Nieren und Kompensationsorgane Haut, Darm, Lungen ausgeschieden werden muß.

Tab. 2: Darstellung des Säure-Basen-Haushalts des Eigenversuchs beim Ausbildungskurs nach *F. X. Mayr* 1988. Zu beachten ist, daß IZP von 24 auf 8 abfällt, und dann aber wieder ansteigt.

Parameter	Datum	02. 05. 88	05. 05. 88	07. 05. 88	09. 05. 88	11. 05. 88
pH-Wert		7,55	7,70	7,61	7,52	7,55
Vollblutpuffer	mmol/L	54,0	43,0	53,0	53,0	54,0
Plasmapuffer	mmol/L	30,0	35,0	32,0	30,0	30,0
Intrazellulärpuffer	mmol/L	24,0	8,0	18,0	23,0	23,0
Base-Exceß		+ 4	+ 7	+ 4	+ 2	+ 2
Hämatokrit	%	50	50	47	45	46
Hämoglobin	g%	18,5	17,7	16,6	15,7	16,2

In einer Studie bei diesem Ausbildungskurs tranken der Verfasser und 4 weitere Teilnehmer das originale milchsaure Gärungsgetränk BrotTrunk® in der Dosierung 3 x 100 ml/Tag. 13 Teilnehmer absolvierten diätmäßig den Kurs mit entsprechenden Zulagen nach jeweiliger Konstitution und der Zufuhr von Basenpulver. Die Tab. 3 zeigt die Mittelwerte aus dieser Studie.

Tab. 3: Darstellung des Säure-Basen-Haushalts bei der vergleichenden Untersuchung der Pufferwirkung von Basenpulver und BrotTrunk® während des Ausbildungskurses nach *F. X. Mayr* 1988 am Wörthersee.

Parameter	Pufferung mit Basenpulver			Pufferung mit Brottrunk		
	vor	nach	Diff.	vor	nach	Diff.
pH-Wert	7,68	7,70	+0,02	7,70	7,72	+0,02
Vollblutpuffer mmol/l	46,80	45,60	−1,20	46,80	45,60	−1,20
Plasmapuffer mmol/l	32,70	31,00	−1,70	32,70	31,00	−1,70
Intrazellulärpuffer mmol/l	14,10	14,60	+0,50	15,00	14,40	−0,60
Base-Excess	+5,0	+3,0	−2	+6,4	+5,1	−1,3

Interpretation:

Trotz des scheinbaren Säuregehalts des Getränks sind die Veränderungen der Säure-Basen-Werte fast identisch (siehe auch nächster Abschnitt).

Mit diesen Untersuchungen ist auch *Szilvay* [47] bestätigt: „Die Tatsache, daß man durch Fastenkuren bestimmte Krankheiten günstig beeinflussen kann (Krebs, Rheuma, bestimmte Stoffwechselstörungen), deutet auf eine Störung des Säure-Basen-Gleichgewichts im Sinne einer Übersäuerung hin. Denn während einer Fastenkur kommt es zur Ausschwemmung der Säuren aus dem Gewebe ins Blut. Das zeitweilig dann übersäuerte Blut ruft die sogenannte Fastenkrise hervor, eine Erscheinung äußerster Unlust, die durch Versorgung des Gehirns mit stark säurehaltigem Blut ausgelöst wird. Dadurch wird aber auch der pH-Wert des Blutes in die azidotische Richtung verschoben."

Azidosetherapie

1. Therapiemöglichkeiten

Wenn hier systematischerweise das Wort Medikament gebraucht wird, so ist dies eigentlich falsch. Denn bei der Azidosetherapie müssen dem Körper Mineralien oder chemische Stoffe zugeführt werden, die zum einen der Körper dringend braucht, und die ihn zum anderen entlasten. Vorübergehend können zwar Verstoffwechslungsprobleme auftreten, diese werden aber nur von kurzer Dauer sein. Wenn chemische Stoffe eingenommen werden sollen, so werden diese vom Körper begierig aufgenommen und sofort in Kausalfunktionen „verarbeitet". Hier muß also das chemische Mittel als Positivum im ganzheitlichen Denken angesehen werden. Es dient im Lichte des Säure-Basen-Haushalts dann nur als Nahrungsergänzung.

Ein weiterer ganz wichtiger Punkt bei der Therapie ist die Beachtung des ständigen Fließgleichgewichts zwischen Blut und Gewebe. Es sind deshalb auch rasche Veränderungen möglich, entscheidend sind aber Trendbeobachtungen beim selben Patienten, und auch bei der selben Patientengruppe.

a) Medikamente zum Säureausgleich

Nach Sander [38] kann fehlendes Alkali im Organismus niemals selbst erzeugt werden, es muß immer von außen zugeführt werden. Wenn nur mit kleineren Mengen Natriumbicarbonat gepuffert wird, und dabei kein Natriumbicarbonat in den Dünndarm gelangt, so erhält der Säure-Basen-Haushalt seine Basen nicht durch das künstlich zugeführte, sondern durch das in den Belegzellen gebildete körpereigene Bicarbonat.

Wie bei jeder Zufuhr von Medikamenten muß die individuelle Verträglichkeit beachtet werden. Reaktionen bei der Bicarbonatzufuhr können entstehen, wenn die Magenbarriere zu stark und zu plötzlich beseitigt wird. Da das Bicarbonat eine physiologische Substanz ist, wird sie von jedem Patienten vertragen werden. Die *Verträglichkeit der Einnahme* kann deshalb nur eine Verdünnungsfrage sein. Beispielsweise wird dann nur 1/2 Teelöffel Basenpulver auf 1/4 l Wasser nach dem Essen eingenommen. Das Luftaufstoßen zeigt dann die erfolgreiche Säureabpufferung im Magen an.

Ein Pharmareferent sagte mir einmal im Gespräch, daß ein Kirschkern, den ganzen Tag gelutscht, dem Magen 1/3 der Pufferkapazität geben könne. Dies ist sicher richtig, doch woher soll der Körper zur Speichelbildung dauernd basische Valenzen nehmen, wenn insgesamt die Alkalireserve abnimmt, oder sogar schon abgenommen hat, und der pH-Wert des Speichels sich auch schon verändert hat?

Diese Zusammenstellung soll nun einen Überblick über die dem Verfasser bekannten Mineralstoffgemische und mischbare Kombinationen geben, sie können jedoch nur eine Auswahl darstellen.

Basenpulver nach SANDER

Natrium phoshoricum	10,0	(5%)
Kalium bicarbonicum	10,0	(5%)
Calcium carbonicum	100,0	(50%)
Natrium bicarbonicum	80,0	(40%)

Diese Mischung ist das Originalrezept von SANDER und hat neben der direkten Pufferung den Vorteil der Mineralzufuhr.

Entsäuerndes Elektrolytgemisch nach KERN

Natrium bicarbonicum	820,0	(82%)
Kalium bicarbonicum	90,0	(9%)
Calcium phosphoricum	60,0	(6%)
Magn. subcarb. leve	20,0	(2%)
Calcium carb.	10,0	(1%)

Kern hat einen wesentlich höheren Natriumbicarbonatanteil gewählt. Dies hat den Vorteil einer schnelleren Pufferung bei akuten Übersäuerungszuständen.

Fertigpräparate

Acetolyt Granulat
Acidovert Tabletten
Alkala N Pulver
Basica Pulver
Basofer N Dragees und Granulat
Basofer forte N Tabletten
Bullrich-Salz Tabletten und Pulver
Entsäuerungssalz nach Dr. Bösser
Gelum Tropfen
Kaiser Natron Tabletten und Pulver
Metz Aktiv-Kalk Pulver
Nephrotrans Kapseln
Neukängsförder Mineraltabletten
Ottingers Blutsalzkur
Ovocalcin forte Dragees
Rebasit Pulver
Uricedin Granulat
Ventracid N Dragees

Wertung dieser Medikamente:

Acetolyt-Granulat ist vielfach als Nierensteinnachbehandlungsmittel bekannt. Aber den wenigsten Verordnern wird bekannt sein, daß damit tief in den Säuren-Basen-Haushalt durch die Anhebung des Urin-pH eingegriffen wird.

Für spezielle Magenschmerzen helfen alle Präparate, die nur aus Natriumbicarbonat bestehen oder einen hohen Anteil haben: Alkala N, Basofer-Reihe. Für Übersäuerungszustände des Darmtraktes ist Ventracid N deklariert (Natriumbicarbonat und Verdauungsenzyme).

Die beiden genannten Pulvermischungen bringen je nach Übersäuerung in der Dosierung von 1—3 Teelöffel am Tag einen kräfigen Basenschub. Die Mischung nach *Kern*ist nach meiner Erfahrung bei akuten Übersäuerungszuständen anzuwenden, während in der täglichen Praxis die *Sander*-Mischung vorzuziehen ist. Generell hat sich die Mischung zu etwa zur Hälfte aus Natriumbicarbonat und zur anderen Hälfte aus Mineralien bewährt. Wenn ein Patient keine Mischung anrühren möchte, oder unterwegs nicht kann, empfiehlt sich zum Beispiel die Kombination aus 1—2 Tabletten Bullrich-Salz und 1—2 Tabletten Neukönigsförder Mineraltabletten zusammen mit 1 Glas Wasser.

Auf Mineralbasis aufgebaut sind die Präparate: Basica, Metz Aktiv Kalk, Neukönigsförder Mineraltabletten und Ovocalcin forte Dragees. Sie sind insgesamt milder in der Entsäuerung, sie sind vorzugsweise zur Mineralzufuhr und zur Dauertherapie zu empfehlen.

Bei der Zufuhr von Tartraten geschieht folgendes:
Magensalzsäure und Alkali ergibt Kochsalz und Fruchtsäure. Hierbei bleibt das saure Milieu im Magen erhalten, es erfolgt eine schonende Umstellung, und es kommt auch nicht zu einer Kohlensäureentstehung, die vereinzelt unangenehm sein könnte. Tartrate enthalten: Acidovert, Rebasit, Entsäuerungssalz nach Dr. Bösser, Gelum oral Tropfen, Ottingers Blutsalzkur, Uricedin.

Natriumbicarbonat allein ist enthalten in: Bullrich-Salz Tabletten und Pulver, Kaiser Natron Tabletten und Pulver, Nephrotrans Kapseln.

Baseneinläufe

Schon von alters her werden Einläufe zur Giftausscheidung über den Darm erwähnt. Eine falsche Scheu besteht bei vielen Patienten, sich dieser Therapie zu unterziehen, obwohl Zäpfchen für verschiedenste Krankheiten tonnenweise benutzt werden. Bei Anwendung eines Einlaufs oder Klistiers empfiehlt sich die Zugabe von 3 g Natriumbicarbonat, oder 1 gehäuf-

ter Teelöffel Bullrich-Salz oder Kaiser-Natron-Pulver auf 1/2—3/4 l körperwarmes Wasser. Es wird entweder ein Irrigatorbesteck benutzt, einfacher ist der sogenannte Klyso-matic.
Beim Baseneinlauf sind zwei Wirkprinzipien zu unterscheiden:
enterale Aufnahme mit Wirkung im Gesamtorganismus und lokaler Säureausgleich bei spastischem Enddarm und Säurebrennen im Analbereich. Besonders bei Kindern hat sich diese Form bei Säureerbrechen bewährt, da hier wirklich ursächlich therapiert werden kann. Jegliche Analbeschwerden werden durch einen Baseneinlauf schwinden, oder sich zumindest erheblich bessern lassen.
Eine intensive Erweiterung der Einläufe stellt die Colon-Hydro-Therapie dar. Dabei wird in einer Behandlung der ganze Dickdarm mit warmem Wasser durchspült. Dabei werden Inkrustierungen, Gärungsgiftstoffe und Darmgase herausgewaschen [60].

Suppositorien

Als Fertigform liegen die Lecicarbon-Suppositoren vor, die Natriumhydrogencarbonat und Natriumdihydrogenphosphat enthalten. Durch Einwirken mit Säure kommt es zur CO2-Entwicklung, das nach Firmenangaben einen Peristaltikreiz bei Obstipation auslöst. Es ist aber auch die enterale Aufnahme des Bicarbonats mit Hinführung zu den basophilen Organen zu diskutieren, die dann eine physiologische Darmaktivierung bedingen.

b) Äußerliche Therapie

Da die Haut einen Säureschutzmantel hat, liegt der Gedanke nahe, diesen Mantel vorübergehend zu puffern, damit der Körper im Fließgleichgewicht rasch wieder Säuren nachliefern kann, um den Ausgleich zu erreichen.

Basenbad

Dazu werden 100 g Natriumbicarbonat für ein Vollbad aufgelöst, körperwarmes Wasser, Badedauer 1/2 Stunde, danach sollte man eine Ruhepause von 1 Stunde einhalten. Das Basenbad empfiehlt sich vor allem für Rheumatiker, aber auch bei beginnenden Infektionskrankheiten oder allgemeinen Schwächezuständen.

Zuckerrübensirupbad

Der Zuckerrübensirup wirkt basisch und hat dadurch den gleichen Effekt. Zusätzlich sind auch viele Elektrolyte enthalten. Das Bad kommt aus

Ungarn und ist dort weit verbreitet. Verwendet werden für ein Bad ca. 3 Eßlöffel, empfohlen werden 3 Bäder pro Woche.

Thermalbäder

Schon seit dem Altertum sind die heilsamen Wirkungen von Thermalbädern bekannt. Besonders intensiv entsäuernd bei Rheumapatienten sind natronhaltige Thermalwässer.

Auslaugebad

Dieses Bad wird von *Rauch* [31] erwähnt. Es zielt darauf hin, den Körper über die ganze Haut intensiv zu entgiften (= zu entsäuern) und bei regelmäßiger Anwendung die Entgiftungsfunktion der Haut zu schulen. Am besten wird abends ein Vollbad genommen, Temperatur angenehm um 37 Grad C. Nach 10 Minuten wird der ganze Körper mit viel Seife und einer Bürste gründlich bearbeitet, dann bis zum Hals ins Wasser legen und noch 20–40 Minuten liegen bleiben. Heißes Wasser nachfließen lassen, wenn es zu kühl wird. Zum Abschluß wird nochmals der ganze Körper stark eingeseift und gebürstet, gründlich abgebraust, nach dem Abtrocknen Bettruhe. Durch das Baden sehen Finger und Zehen ausgelaugt und zerfurcht aus. Auch die Schmutzschicht, die sich am Badewannenrand gebildet hat ist ein Ergebnis der Auslaugung. Dieses Bad kann nach ärztlicher Anordnung im Extremfall täglich genommen werden, ansonsten 1-3 mal in der Woche. Es ist besonders zu empfehlen bei Rheumatikern, Patienten mit Multipler Sklerose und bei anderen schweren Erkrankungen. Dabei wird die „Haut als 3. Niere“ zur Entgiftung herangezogen.

Tägliches Brausebad

Auch das tägliche Duschbad trägt zur Entgiftung bei, da Säure abgewaschen und die Haut durch den prickelnden Wasserstrahl in der Durchblutung angeregt wird, und so eine Stoffwechselbelebung (= Entsäuerung) eingeleitet wird. *Dorschner* beschreibt in „Der Naturarzt, 8 (1991)“ die Heilwirkung der Dauerbrause, die eine systematische Bebrausung des ganzen Körpers über Stunden ist.

Saunabäder

Hier soll nur andeutungsweise der große Nutzen eines Saunabades erwähnt werden. Saunabaden bedeutet nicht Gewicht vermindern, sondern *Entschlackungstherapie*, Gefäßtraining, Immuntraining [5].

Sehr empfehlenswert ist die *Zufuhr von Natriumbicarbonat vor und nach dem Saunabade* (Dosis: je 1 Teelöffel Basenpulver oder Alkala, 2–3 Tbl. Kaiser-Natron, oder 3 Teelöffel Basica mit 1 Glas Wasser). Der Körper wird ausgedrückt wie ein Schwamm, die zugeführte Flüssigkeit wird begierig aufgenommen, das Natriumbicarbonat oder die Basensalze fluten durch den ganzen Körper und landen schnell auf dem körperlichen *Müllabladeplatz (= Bindegewebe).* Die Schweißmessungen bestätigen die Durchflutung des Körpers. Rheumabeschwerden können deshalb dahinschmelzen wie die berühmte Butter in der Sonne!

Im Vergleich ergaben sich beim Verfasser folgende *pH-Werte im Saunaschweiß:*

Saunabad ohne vorherige Basengabe:

1. Gang 4,8 2. Gang 5,1

Saunabad mit vorheriger Basengabe (3 Tabletten Kaiser Natron)

1. Gang 5,7 2. Gang 7,6

Salbentherapie

Basengel

Ein Basengel kann nach folgendem Rezept hergestellt werden:

NaHCO3	3,5	
Aqua dest.	93,5	„Basengel 3,5 %“
Tylose H	ad 100,0	

Tylose H gehört zur Gruppe der Methylzellulosen, es dient hier als Gelbildner. Bei der Zubereitung entsteht eine gelartige Paste, die sich gut auftragen läßt, einen starken Kühlungseffekt erzielt (zum Beispiel bei juckenden Ekzemen, Sonnenbränden oder Verbrennungen), die Haut glättet sich durch die Aufnahme von Wasser. Bei den klinischen Beispielen wird die eindrucksvolle Besserung eines Kindes mit Neurodermitis dargestellt.

Eine lotioähnliche Wirkung hat folgende Zusammensetzung:

NaHCO3	7,0	
Aqua dest.	90,0	„Basengel 7,0 %“
Tylose H	ad 100,0	

Leichte, geschmeidige *Natronsalbe* nach *Oetinger* [29]:

Natrium bicarbonicum	3,0
Aqua dest.	22,0
Eucerin anhydr.	ad 50,0

Diese Salbe hat sich bewährt bei trockenen Exanthemen und chronischen Ekzemformen.

Massagetherapie

Lokale Azidosen sind nicht nur die genannten örtlichen Gewebeazidosen im Gehirn, im Herzen und in den Beinen, sondern die alltäglichen Gelosen des Bindegewebes im Bereich der Wirbelsäule, der Schultern, der Oberarme und der Oberschenkel (Zellulitis). Durch die Ablagerung von Säuremolekülen ist es vom Sol- zum Gelzustand gekommen, es sind teilweise sehr schmerzhafte und aber auch therapieresistente Gewebeverhärtungen aufgetreten. Im weiteren Sinne werden diese Veränderungen als Weichteilrheumatismus bezeichnet. Die klassische Behandlung mit Schmerzmitteln allein verstärkt meist nur den Teufelskreis des Beschwerdekomplexes, da durch orale Einnahme von Antirheumatika zusätzlich Magenbeschwerden auftreten, und die Medikamente eine zusätzliche Säurezufuhr bewirken.

Die Konsequenz darauf kann nur eine intensive Entsäuerung sein. Durch die orale Basenzufuhr allein kommt es meist nur zögernd zu einer lokalen Besserung. Eine intensive Massagetherapie der Schmerzzonen ist deshalb notwendig, oftmals reicht aber die Hand des Therapeuten nicht aus. Die petechiale Saugmassage nach Dr. *Zöbelein* [61] bringt hier eine entscheidende und rasche Hilfe. Bei dieser gleitenden Saugmethodik kommt es an den Stellen einer latent gestörten Kapillarpermeabilität zu einem Austritt von roten Blutkörperchen aus den Kapillaren ohne jede Serum- oder sonstige Flüssigkeitsbeteiligung in den Interzellular-Raum. Die Behandlung kommt einer „unblutigen Schröpfung" nahe. Bereits nach einmaliger Therapie wird das vorher harte und schmerzhafte Gewebe weicher und schmerzfrei. Nach wiederholter Behandlung, ca. 5 Minuten zweimal pro Woche, wird das „petechiale Kapillarsyndrom" immer schwächer und verschwindet schließlich ganz, es ist zu einer natürlichen Selbstregulation des Organismus gekommen.

Die zusätzliche orale Basentherapie und Einreibungen mit Basengel oder -salbe ergänzen sich ideal und führen rasch zu einer Schmerzbefreiung selbst von bisher jahrelang therapieresistenten Beschwerdebildern, die oftmals auch funktionelle und psychosomatische Auswirkungen haben. Zusammenfassend kommt es zu einer echten kausalen Therapie.

c) Heilreaktionen

Bei einer milden Therapie werden sich wahrscheinlich keine Heilreaktionen einstellen. Sie nimmt aber auch eine längere Zeit bis zur Heilung in Anspruch. Reaktionen in Form von durchfälligen Stühlen können aber auftreten, da durch die Basenzufuhr die basophilen Organe (Leber, Gallenblase, Pankreas und die Brunnerschen Drüsen des Dünndarms) biochemisch belebt werden, und eine Darmsäuberung eintreten wird. In schweren Fällen kann es sein, daß es fast explosionsartig zu reinigenden Stühlen kommt, wobei der säurescharfe Stuhl Analbrennen und dadurch auch kurzzeitig Hämorrhoidenbeschwerden auslösen kann. In diesen Fällen haben sich die schon erwähnten Einläufe mit Zusatz von Natriumhydrogencarbonat sehr bewährt.

Es kann sich auch ein „Ziehen“ im ganzen Körper bemerkbar machen. Eigenartigerweise macht die Einlagerung von Stoffwechselschlacken und Säuren keine Beschwerden, jedoch bewirkt die Ablösung und Ausschwemmung dieses eigenartige Ziehen im ganzen Körper.

Eine besonders *wichtige Heilreaktion ist das Sodbrennen* im Magen, das nach Einnahme auftreten kann. Dieses Sodbrennen, obwohl noch nie aufgetreten, ist als eine notventilartige Säureentleerung über die Belegzellen zu verstehen, da der Körper jetzt die Möglichkeit sieht, sich seiner Säuren zu entledigen, und dies zunächst überschießend geschehen wird. Hier empfiehlt sich einige Minuten später noch einmal eine Gabe von z. B. 1 Teelöffel Basengemisch oder 2–3 Tabletten, damit wird dieses Säuresyndrom zum Verschwinden gebracht.

d) Therapie nach Maß

Die ideale Voraussetzung zur Therapie ist die beschriebene Meßmethode. Eine notwendige Ergänzung ist die morgendliche Messung des Urin-pH, die zugleich eine gute Therapiekontrolle darstellt.

Für die Messungen eignen sich das Universalindikatorpapier pH 0–14 von der Firma Merck oder das Indikatorpapier pH 5,2–7,4 von der Stern Apotheke Geislingen.

Es genügt die Messung des Morgenurins, da dieser unbeeinflußt von der Nahrungsaufnahme die nächtlichen Stoffwechselausscheidungen widerspiegelt. Die Messung des Speichel-pH-Wert kann als Ergänzung erfolgen.

Kern empfiehlt beim alten Menschen mit saurem Urin, und Erscheinungen, die auf Hirnazidose verdächtig sind (Schwindel, Kopfdruck, Benommenheit) *folgende Einnahme:* drei Wochen lang dreimal täglich je 5 Gramm Natron (= Natriumbicarbonat) in Wasser gelöst nach den Mahlzeiten. Ist während dieser Zeit das Hirnbefinden deutlich gebessert oder symptomfrei, so deutet dies auf eine Beseitigung der Hirnazidose hin.

Diese Empfehlung ist aber ebenso gültig für alle anderen Patienten, seien es Rheumatiker, Patienten mit chronischen Hautkrankheiten oder degenerativen Erkrankungen, auch im jüngeren Alter.

In der *langfristigen Behandlung unter ärztlicher Kontrolle* sollte der morgendliche Urin-pH-Wert bei 7,5 liegen — dies entspricht dem Gleichgewichts-Sollwert des Blutes, und zeigt an, daß die Nieren weder einen Säurenoch einen Basenüberschuß aus den Geweben zu eliminieren haben. Das Therapieziel sollte die vollständige Beseitigung von Säuresymptomen sein, seien sie im Gehirn, im Herzen, am Skelettsystem oder an hormonellen Organen.

Praktisch gesehen ist die *tägliche Einnahme von Natriumbicarbonat* (z. B. Kaiser-Natron, Bullrich-Salz oder die genannten Basengemische) in der Menge *abhängig vom gemessenen morgendlichen Urin-pH-Wert.* Liegt der pH-Wert unter 7,5, so muß die tägliche Dosis erhöht werden, liegt er höher als 7,5, so kann die tägliche Dosis verringert werden. Wenn dies länger gemacht wird, so bekommt man als Patient seine Erfahrungen und kann fast ohne pH-Messungen seinen Zustand steuern.

Präapoplektische Zustände verlangen schnellste Gabe von 8—10 Gramm Natriumbicarbonat in Wasser gelöst zu trinken. Der schnellste Wirkungseintritt ist beim Lösen in warmem Wasser und bei leerem Magen zu erwarten. Hier wird die Pufferung später auf der Intensivstation nur vorweggenommen! Es kann aber auch sein, daß der Patient dann gar nicht mehr auf die Intensivstation muß, weil sich apoplektische Erscheinungen bereits nach kurzer Zeit zurückgebildet haben können. Auch bei akuten Rheumabeschwerden oder anginösen Zuständen am Herzen hat sich diese Therapieform sehr bewährt.

Mit *Kern* können wir aus der Erfahrung heraus mitteilen, daß mengenmäßig eine gehörige Dosis eingenommen werden muß, um den Urin-pH-Wert in wünschenswerte Bereiche zu führen. Der pH-Wert sinkt auch sofort wieder in saure Bereiche, wenn die Pufferung milder vorgenommen oder unterbrochen wird. Allein hieraus läßt sich die immense Menge an Säuren im Körper schon erahnen!

Aus praktischer Sicht muß folgendes erwähnt werden: Es gibt Menschen, die schlucken alles weg, andere weniger. Die Basengemische haben einen leichten bis mittleren salzigen Geschmack. An den Geschmack kann man sich aber gewöhnen. Ansonsten müssen Natrontabletten eingenommen werden, wichtig ist die gleichzeitige Flüssigkeitszufuhr.

e) Parenterale Therapie

Intravenöse Therapie und Infusionen

„Parenterale Basenzufuhr bei Übersäuerungszuständen während und außerhalb von *Mayr*-Kuren“ war der Titel des Vortrags 1985 bei der Gesellschaft der *Mayr*-Ärzte während der Medizinischen Woche in Baden-Baden.

Dabei wurden über einen Zeitraum von 14 Monaten an 300 Patienten 50 Liter Natriumbicarbonat 8,4% verabreicht. Dieses Natriumbicarbonat wurde in Mengen zu 250 ml als Infusion oder als Injektionen zu 10 und 20 ml gegeben. Von der Industrie wird es in Konzentrationen von 1,4%, 4,2% und 8,4% geliefert.

Technisch wichtig ist herauszustellen, daß Natriumbicarbonat streng intravenös gegeben werden muß, da es sonst zu schmerzhaften Sensationen kommen kann, es müssen großkalibrige Venen verwendet werden.

An allgemeinen Eindrücken konnten wir eine entspannende Wirkung feststellen. Es kann ein bitterer oder auch chemischer Geschmack im Mund auftreten. Bei einem Patienten verschwand ein Druck im Halsbereich, und bei einer anderen Patientin ein ständiges Hungergefühl. Diese Wirkung hielt drei bis vier Wochen an. Auffallend war ein großes Durstgefühl nach den Infusionen. Fast regelmäßig war nach den Gaben von Natriumbicarbonat ein gurgelndes Darmgeräusch zu hören — ein Beweis dafür, daß die basenhungrigen Verdauungsorgane sofort ansprechen können. Über die besonderen Beobachtungen wurde bereits bei den klinischen Beispielen berichtet.

Zusammenfassend hat sich also zeigen lassen, daß es möglich ist, durch das Medikament Natriumbicarbonat auch Patienten zu helfen, bei denen primär eine Mayr-Kur nicht durchführbar ist. Es ist auch völlig klar, daß nicht eine einzelne Injektion von 10 oder 20 ml Natriumbicarbonat einen völlig übersäuerten Organismus normalisieren kann. Es kann aber auf jeden Fall ein Reiz gesetzt werden, um ein im sauren Bereich erstarrtes System wieder aufzubrechen und zur Norm hin zu bewegen. Auch in anderen Bereichen der Naturheilkunde kann nicht sofort durch eine Behandlung eine Umkehr erreicht werden — aber einem Zündfunken gleich wird ein Reiz gesetzt, der eine erstarrte biochemische Reaktion wieder starten kann.

Sobald durch die Zufuhr von Natiumbicarbonat eine momentane Alkalose des Blutes eintritt, treten die Selbstregulationsmechanismen des Körpers in Kraft, und schieben saure Valenzen ins Blut. Es dürfte aber zu einer überschießenden Reaktion kommen, da der Körper immer bestrebt ist, wenn irgend möglich, sein zuviel an Säuren abzustoßen. Hier darf auf die schon genannte Heilreaktion nach Trinken von Basenpulver oder Gabe von Natrontabletten verwiesen werden.

Intraarterielle Therapie

Im Abschnitt 4/12 ist über die positiven Erfahrungen der intraarteriellen Injektion von Natriumbicarbonat berichtet worden.

Zur Anwendung kam Natriumbicarbonat 8,4% in der Dosierung 2 bis 10 ml. Bei der ersten Injektion ist eine Dosis von 2 ml empfehlenswert, um die Reaktion des Patienten testen zu können. Bei Verträglichkeit kann bis zu 10 ml gesteigert werden. Die Injektionsgeschwindigkeit soll ähnlich einer Calciuminjektion langsam sein.

Besteht bei der ersten Injektion eine Empfindlichkeit, die sich durch Druckgefühl im Oberschenkel äußern kann, so kann auch eine niedere Konzentration verwendet oder eine entsprechende Verdünnung gemischt werden.

In fast allen Fällen war kurz nach der Injektion eine Rosafärbung des vorher grauzyanotischen oder auch blauen Fußes zu beobachten. Außerdem bestand danach eine deutliche Reduktion der Schmerzen, oder sogar Schmerzfreiheit, stärker als nur mit der Gabe von Procain allein, wie aus jahrelanger Erfahrung bekannt. Außerdem war auffallend die auftretende Fältelung der Haut als Zeichen des Ödemrückgangs.

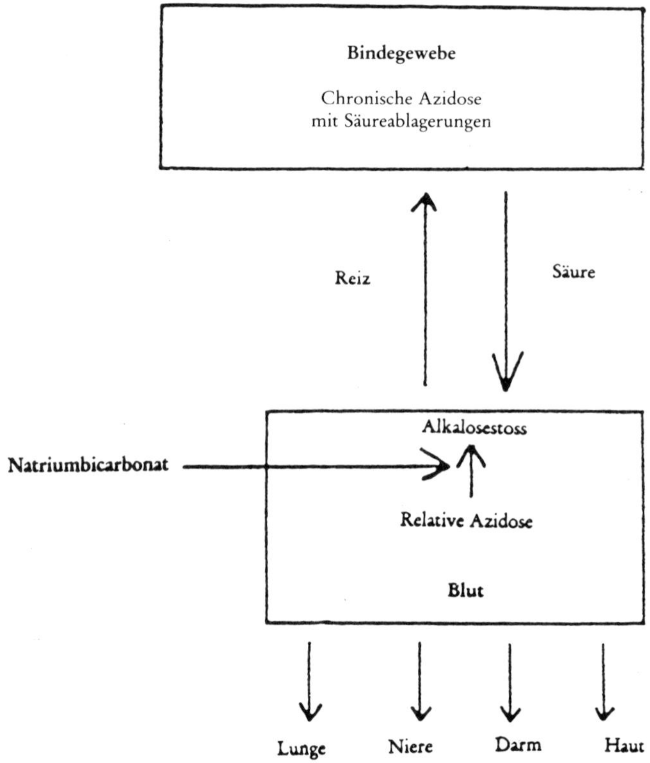

Abb. 7: Reizsetzung durch parenteral zugeführtes Natriumbicarbonat

Es wurde immer die Kombination Procain und Natriumbicarbonat gewählt. Als weiterer Zusatz sind möglich Rheologica oder Ozon-Sauerstoff-Gemische.

2. Ernährung als Therapie

a) Diskussionsbeitrag über basische und saure Kost

Über die Ernährung im Sinne des Säure-Basen-Haushalts zu sprechen, ist eigentlich aus der Sicht der klassischen Medizin ein heißes Eisen. Dieses Eisen hat aber die Zeitschrift „Selecta" in der Ausgabe 36 vom 8. 9. 1989 ins Feuer gelegt. Aufgrund einer Anfrage wurde von drei verschiedenen Ernährungsfachleuten das Thema erörtert: *Ist „basische" Kost besser als „saure"?*

Prof. *Bernhard Knick* führte die basische Kost auf die *Hay*sche Trennkost zurück. Aus seiner Sicht ist die *Hay*sche Empfehlung, sich zu 80% von basenüberschüssigen Lebensmitteln und lediglich zu 20% von den lebenswichtigen „säureüberschüssigen" Milch- und Getreideprodukten, Eiern, Fleisch und Fisch zu ernähren, aus heutiger wissenschaftlicher Erkenntnis und nach den Regeln der Deutschen Gesellschaft für Ernährung unausgewogen.

Prof. *Knick* sagt ferner, daß säure- oder basenüberschüssige Kostformen Titrationsazidität und Harn-pH nur geringfügig verändern und der pH-Wert des Blutes verschiebt sich wegen der hohen Pufferkapazität des Blutes kaum meßbar.

Dr. *Schwegler* stellt aus physiologischer Sicht dar: „Bei einer ausgewogenen, gemischt tierisch-pflanzlichen Ernährung produziert der Organismus einen Überschuß an nichtflüchtigen Säuren. Dabei handelt es sich vorwiegend um HCI, H_2SO_4 und H_3PO_4. Diese sogenannten fixen Säuren entstehen zum größten Teil beim Abbau von Nahrungsproteinen aus ihrem Anteil an kationischen und schwefelhaltigen Aminosäuren, wie er für tierisches Eiweiß typisch ist. Pflanzliche Kost hingegen enthält große Mengen von basischen Salzen schwacher Säuren und kann daher als alkalisch angesehen werden.

Die funktionelle Reservekapazität ist so hoch, daß eine normale Nierenfunktion den Säure-Basen-Haushalt auch bei stark einseitiger Ernährung im Gleichgewicht hält.

Die Vorteile der basischen — sprich pflanzlichen — Kost liegen sicherlich eher in dem hohen Vitamin- und Faseranteil als in der Erzeugung eines alkalischen pH-Wertes."

Dr. *Walther Zimmermann* gab auszugsweise folgende Antwort: „Die Vorstellung, daß man mit einer gezielten Kostform den Säure-Basen-Haushalt des Körpers beeinflussen könne, geht auf den schwedischen Ernährungsforscher *Ragnar Berg* (1873 bis 1956) zurück. Er hat die basische Kost postuliert und von ihr den Schutz vor Krankheit und Tod abhängig gemacht.

Nach *Berg* sollte eine Dauernahrung basenüberschüssig sein.

Die pH-Regulation des Stoffwechsels ist nicht nur von der Ernährung abhängig, sondern viel mehr von Puffersystemen wie Atmung, Muskelstoffwechsel (Milchsäure), Magensäuerung, Nierenfunktion und dem Mineral-Pool des Körpers. Der Effekt einer einseitigen Ernährung wird sich dagegen sichtlich auch im pH-Verhalten des Stoffwechsels, insbesondere am Urin-pH nachweisen lassen. Einseitige Ernährung induziert Stoffwechselbelastungen, das gilt für Fleischkost ebenso wie für Körnermahlzeiten.

Dazu einige Bemerkungen:
Es ist richtig, daß säure- oder basenüberschüssige Kostformen akut Titrationsazidität und Harn-pH nur geringfügig ändern, auch der pH-Wert des Blutes verschiebt sich nur langsam. *Aber steter Tropfen höhlt den Stein,* und wenn keine grundlegende Gegenpufferung erfolgt, so macht sich eben ein Mangel in der Vollblut- und Plasmapufferung auf die Dauer bemerkbar.

Es ist auch aus physiologischer Sicht richtig, daß die funktionelle Reservekapazität hoch ist, daß eine normale Nierenfunktion den Säure-Basen-Haushalt auch bei stark einseitiger Ernährung im Gleichgewicht hält.

Wichtig: Der Körper kann den Säure-Basen-Haushalt auf Dauer nur auf Kosten seiner Mineraldepots aufrechterhalten!

Es würde sich auch die Zufuhr von Bicarbonat nach *Sander* erübrigen, wenn eine ausgewogene Kostauswahl erfolgen würde. Aber dies ist eben in der Praxis oft ein hoch gestecktes Ziel, das nur von wenigen erreicht wird.

b) Kernsatz und Kardinalfehler der Ernährung

Ernährung <——————————> *Nahrung × Verdauungskraft*

Ernährung ist nicht direkt gleichzusetzen mit der zugeführten Energerie (= Nahrung), sondern sie ist eine Funktion der Nahrung mit der gesamten Verdauungskraft, die aktuell dem Körper zur Verfügung steht.

Die Kardinalfehler der Ernährungsweise nach F. X. Mayr:
Es wird zu schnell gegessen!
Es wird zu viel gegessen!

Es wird zu oft gegessen!
Es wird zu schwer gegessen!
Es wird zu spät gegessen!
Es wird zu viel Eiweiß gegessen!
Es wird zu trocken gelebt!
Es wird ohne Fastenpausen gelebt!

Diese Kardinalfehler kennzeichnen eindeutig die Fehler unserer heutigen Ernährungsweise. Diese Fehler und der Kernsatz der Ernährung zeigen auf, daß noch so gute Speisen von der Entstehung und von der Zubereitung her völlig ins Gegenteil verkehrt werden können, da die biochemische optimale Verarbeitung zum aktuellen Zeitpunkt nicht gegeben ist. Hier muß auf die ausführlichen Arbeiten von *Mayr* [21,22,23] und nach *Rauch* [28,29,30] verwiesen werden.

Es kommt also auf die *Trias der aktuellen Bilanz, der Aktivität der Pufferungssysteme und des gesamten Mineralstoffgehalts* an.

Hier ist nach meiner Auffassung ein *wichtiger Schnittpunkt der „klassischen Medizin“ und der „biologischen Medizin“*.
Auf der einen Seite sind im streng wissenschaftlichen Sinn alle nur denkbaren Faktoren zu sehen, die eine Beeinflußung der Verdauungsaktivität ermöglichen. Auf der anderen Seite ist die Denkweise nach *F. X. Mayr* als Erklärung für Problemstellungen im Magen-Darm-Bereich, aber auch im gesamten Körper zu sehen. Als Beispiel sollen „der langsame und der schnelle Futterverwerter“ dienen.

In meiner Praxis verwende ich gern folgende Erklärung: „Mir ist einer lieber, der voll Genuß seinen Schweinebraten mit Weißmehlknödel in aller Ruhe verspeist und die Speise wahrlich auskostet, als einer, der sich damit brüstet, sich vollwertig zu ernähren und sein Vollwertmahl nebenbei achtlos hinunterschlingt.“

Es hat sicher schon fast jeder verspürt, wenn er voll Hast aus Heißhunger gegessen hat, daß ihm dies nicht gut bekommen ist.
Ein Beispiel aus der Technik.
Was nützt einem Auto mit total verschmutzten Zündkerzen, verklebten Zylindern, altem, verdrecktem Öl das beste Superbenzin? Auch noch soviel Gasgeben wird den Autofahrer dazu nötigen, sein Auto als lahme Flugente zu bezeichnen. Wogegen ein Auto mit neuen Zündkerzen, sauberen Zylinderköpfen und frischem Öl auch mit Normalbenzin eine sehr gute Leistung bringen wird!

Ich meine, daß dieses Beispiel auf den Menschen übertragen werden kann. Was nützen die besten Nahrungsmittel, wenn sie gar nicht richtig verarbeitet werden können?

Wenn zum Beispiel die reine Rohkost nur relativ wenige Anhänger hat, so ist dies darauf zurückzuführen, daß sie zwar hinsichtlich der Nahrungsmittel vielseitig, seitens der Zubereitung jedoch einseitig ist, und deshalb nicht jedermann gefällt.

Auch eine reine Obsternährung kann zwar vorübergehend wunderbar entschlacken, sollte aber ebenfalls nicht zur Dauerernährung werden. Außerdem entstünden Versorgungsprobleme, wenn sich Millionen Menschen auf einmal nur mit Obst und Südfrüchten allein ernähren wollten. Verschiedene Motoren brauchen verschiedene Kraftstoffzusammensetzungen.

Darum haben sich einseitige Ernährungsweisen auch auf Dauer nicht auf breiter Front durchsetzen können.

c) Die Nahrung im Spiegel des Säure-Basen-Gleichgewichts

Über das Problem der richtigen Ernährung, sprich Nahrung, für uns alle ist schon viel geschrieben worden, die hier angegebene Literatur ist nur als ein kleiner Auszug zu werten [1,10,15,16,18,19,20,33,41,49,51,52]

Zwei Sätze sind entscheidend [1]:

1. Die Nahrung muß alle Stoffe in genügender Menge enthalten, die der menschliche Organismus zum Aufbau und zur Erhaltung benötigt.

2. Die Nahrung muß aber so zusammengesetzt sein, daß der Organismus in der Lage ist, die Nahrungsbaustoffe zu assimilieren und Überschüsse und Abbaustoffe rechtzeitig auszuscheiden.

Unsere Nahrungsmittel können in drei Gruppen aufgeteilt werden [1, 30]:

1. Säurespender oder -bildner
2. Basenspender oder -bildner
3. Nahrung im ungefähren Säure-Basen-Gleichgewicht

Der Körper braucht, um hier den Kernsatz von vorhin weiterzuführen, Säuren und Basen in einer harmonischen Zusammensetzung für eine optimale Verdauungskraft. Leider hat sich bei der heutigen Nahrungsauswahl das Gleichgewicht auf die saure Seite verschoben. Dies gilt sowohl für die Ernährung des gesunden Menschen, als auch noch schwerwiegender für den kranken Menschen.

Aus der Tab. 4 und aus den zwei Merkblättern ist die Zuordnung der jeweiligen Nahrungsmittel ersichtlich.

Tab. 4: Nahrungsmitteltabelle nach *Rumler/Schöttl* [41] in gekürzter Form.

Basenüberschuß	*mval:*	*Säureüberschuß*
Weiße Bohnen (frische), grüne Erbsen, Grün- Rot- und Wirsingkohl, Kohlrüben, Kürbis, Meerrettich, grüner Paprika, Schwarzwurzeln, Wassermelonen, Zwiebeln, Champignons, Reizker, Knoblauch, Äpfel, Birnen, Erd- Heidel-, Johannis-, Moosbeeren, Sauerkirschen, Buttermilch, Molke, Joghurt.	1—3	Hirse, getrocknete Erbsen, Haselnüsse, Mandeln.
Blumen-, Spargel- und Weißkohl, Brunnenkresse, Endiviensalat, Zichorien, Radieschen, schwarzer Rettich, Sauerkraut, Tomaten, Pfifferlinge, Steinpilze, Ananas, Aprikosen, Bananen, Brom-, Himbeeren, Datteln, Pfirsiche, Pflaumen, Frauen-, Kuh-, Mager-, Schafs- und Ziegenmilch, Rahm, Sahne, Blut.	4—6	Vollkornprodukte, Zwieback, geschälter Hafer, Maisstärke (Mondamin), Cornflakes, Reisstärke, Artischocken, Preiselbeeren, Schweineschmalz, Camembert, Emmentaler, Limburger, Parmesan, Rahmkäse, Kabeljau (Dorsch).
Gurken, Kartoffeln, Kohlrabi- und Porreeknollen, Kopfsalat, Sellerieblätter, Schnittlauch, Zichorienwurzel, Zuckerrübe, Eßkastanie (Maronen).	7—9	Kommiss-, Weiß- und Knäckebrot, geschälter Weizen, Walnüsse, Margarine, Eiweiß, Gans, Kalb (gekocht), Kalbsherz, -Leber, -Niere und -Zunge, Hammel, Aal, Forelle, Flunder, Heilbutt, Hummer, Seelachs.
Weiße Bohnen (getrocknet), Lauchblätter, Karotten, rote Rübenknollen, Sellerieknollen, Topinambur.	10—15	Roggen-, Weizen-, Graubrot, Gerste, Haferflocken, Reis, Roggen, Teigwaren, Weizengraupen, Pferdebohnen, Rosenkohl, Palmin, Hase, Kaninchen, Schwein, Schinken, Hecht, Flußlachs, Rotzunge, Schleie.
Melasse, Dill, Löwenzahn, Mandarinen, Spinat.	16—20	Ungeschälter Reis, getrocknete Linsen, Erdnüsse, Paranüsse, Quark (mager und fett), Handkäse, Schellfisch, Zander.
Getrocknete Früchte (Rosinen, Feigen, Datteln, Bananen usw.), Oliven.	über 20	Gerstengrütze, Gerste (Malzkeime), Ente, Huhn, Kalb, Reh, Hirsch, Rind roh.

Die *Säuren der Nahrung* sind zu unterscheiden in *anorganische und organische Säuren.*

Bei den *organischen Säuren* kommt die wichtigste Gruppe aus dem Eiweißabbau: die Aminosäuren.

Die *anorganische Gruppe* bilden die Mineralsäuren: Salzsäure, Schwefelsäure, Phosphatsäure, Salpetersäure. Zur Ausscheidung gelangen anorganische Säuren nur in chemischer Verbindung mit basisch wirkenden Elementen wie Kalk, Kalium, Natrium, Magnesium in Form der Harnsalze.

Organische Säuren haben im Säure-Basen-Gleichgewicht eine andere Wirkung. Nehmen wir als Beispiel die Fruchtsäure [1, 21]
Diese Säure schmeckt zwar sauer, hat aber keine nachteiligen Wirkungen. Früchte mit viel Fruchtsäure stellen hochgradige Basenlieferanten dar. Die biochemische Weiterverarbeitung im Stoffwechsel geschieht zu Kohlendioxyd und Wasser. Das Kohlenstoffgas wird über die Lungen abgeatmet, die Basen werden frei und stehen zur Neutralisation zur Verfügung.

Bis jetzt war man überzeugt von dieser indirekten Basengabe der Fruchtsäuren. Aus neueren Überlegungen kann das so nicht mehr gelten. Bei der Zufuhr von Fruchtsäuren entstehen bereits zur Neutralisierung in der Mundhöhle Basenverluste, direkt spürbar am Stumpfwerden der Zähne nach konzentrierter Fruchtsäuregabe. Dadurch kommt es schon zur Entmineralisation der Zähne.

Säurebildner oder Basenräuber sind nach *Bircher-Rey* [1] solche Nahrungsmittel, die selbst keine anorganischen Säuren zuführen, aber trotzdem versäuern, weil die Basenbestandteile durch den Herstellungsprozeß ausgeschieden, zerstört oder weitgehend verändert wurden, wodurch der Körper gezwungen wird, die Basen aus den Depots zu lösen. Die gefährlichsten Basenräuber unserer „normalen Ernährung“ sind weißer Zucker, Weißmehl und dessen Produkte, gehärtete und raffinierte Fette, Industriegetränke (Cola), Zuckerlimonaden. Auch das Vollgetreide hat Säureüberschüsse, aber weniger als das fertige Mehl, da die Mineralien bereits wieder eine Pufferwirkung aufweisen. Säurezuführend ist deshalb auch besonders der Frischkornbrei, der zusätzlich eine Gärungsstufe durchläuft, sei es beim Ansetzen über Nacht oder dann im Darm.

Die *basischen Lebensmittel* enthalten Basenüberschüsse in Form von *Mineralbasen.* Dies sind Sauerstoffverbindungen verschiedener Elemente, wie Eisen, Kalium, Kupfer, Magnesium, Natrium, besonders wichtig Kalzium.

Eine Gefahr des Basenüberschußes besteht nicht, da Basen ohne weiteres vom Körper ausgeschieden werden können.

Wegen praktischer Kochratschläge wird auf die Bücher *Rauch/Mayr,* Milde Ableitungsdiät und *Mayr,* Gaumenfreuden aus der Vollwertküche, beide Haug Verlag verwiesen.
Hier nur das *Rezept für die Basenbrühe:*
500—700 g Gemüse (nach Jahreszeit gemischt, z. B. Karotten, Sellerieknolle, Fenchel, Petersilienwurzel), 1 Knoblauchzehe, 1 Zwiebel, 4 Lorbeerblätter, 3 Gewürznelken, Wacholderbeeren, Muskatnuß, Meersalz.
Zubereitung:
Wurzelgemüse mit Bürste unter fließendem Wasser gut reinigen und zerkleinern, in den Kochtopf geben, mit Wasser aufgießen und ca. 20 min. mehr ziehen als kochen lassen. Dann durch ein Sieb passieren. Diese Brühe wird getrunken oder dient als Grundlage für andere Gerichte.

Aus praktischer Erfahrung ist eine sehr gute Alternative zum Frischkornbrei der *Hafer-Dinkel-Brei.*

1 1/2 Eßlöffel Hafer und 1 1/2 Eßlöffel Dinkel (aus biologischem Anbau) in der Mühle frisch schroten, in einen Topf mit 2 Tassen kaltem Wasser geben, unter ständigem Rühren nur ganz kurz aufkochen lassen. Dazu zerkleinertes Frischobst, Rosinen oder Nüsse.

Durch den Fermentationsprozeß des ganz kurzen Aufkochens wird dieses Getreidegericht in seinem Säuregrad nach unseren Erfahrungen zurückgestuft.

Einiges Wissenswertes über den Hafer:

Neben der üblichen Stärke kommen im Hafer Kohlenhydrate als Umsetzungsprodukte vor, die im Darm leicht aufgenommen werden. Des weiteren liegen Kohlenhydrate vor, die im Wasser leicht aufquellen und dann den Haferschleim bilden. Eine dritte Gruppe von Kohlenhydraten leitet sich vom Fruchtzucker ab, die im menschlichen Körper ohne Mitwirkung von Insulin verwertet werden können. Die Fette des Hafers sind so zusammengesetzt, daß sie den Cholesterinstoffwechsel entlasten. Weiters enthält der Hafer hochwertiges Eiweiß, sowie eine ideale Zusammensetzung von Spurenelementen.

Durch die Ernährung mit Hafer wird die körperliche und geistige Leistungsfähigkeit des Menschen gesteigert. Antriebslosigkeit und Depressionen lassen sich auf natürliche Weise abbauen.

Einiges Wissenswertes über den Dinkel:

Nach *Hildegard von Bingen* ist der Dinkel das beste Getreidekorn. Dinkelernährung ist eine Basisdiät, die ernährungsbedingte Gesundheitsschäden wieder voll ausgleichen kann. Das Dinkelkorn enthält nicht nur die für den gesunden Organismus lebensnotwendigen Grundstoffe Eiweiß, Fett, Kohlenhydrate, Vitamine, Spurenelemente und Mineralien, sondern auch noch Wuchs- und Zellernährungsstoffe.

Merkblatt zur Säure-Basen-Wertigkeit der Ernährung
1. Säurespendende und Säureerzeugende Nahrungsmittel
a) Säurespender
Fleisch, Geflügel, Wild, Wurst, Speck, Innereien (Leber, Nieren, Hirn, Fleischbrühe;
Fisch;
Käse, Quark;
Ei (Eiweiß ist säureüberschüssig, Dotter allein = basisch);
Hülsenfrüchte, Spargel, Rosenkohl;
Erdnüsse, Essig, Senf;
stark kohlensäurehaltige Getränke, Sekt;
Vollwertgetreide (am wenigsten Hafer, Dinkel, Hirse)
b) Säureerzeuger
Fabrikzucker, Süßigkeiten, Schokolade, süße Torten, Speiseeis, Weißmehlprodukte, Teigwaren, Zwieback, Kuchen;
gehärtete, raffinierte Fette und Öle, gewöhnliche Margarine, billige Salatöle;
geschälte und polierte Getreide, polierter Reis, weiße bis graue Brote;
Bohnenkaffee, Limonaden, Alkohol.
2. Basenspendende Nahrungsmittel
Kartoffel;
Milch (roh), Sahne;
Blattgemüse, Wurzelgemüse, Gemüsefrüchte, Gemüsesuppen, Obst, auch Dörrobst, Mandeln;
Wildkräuter; Löwenzahn, Brennessel;
Gewürzkräuter; Kresse, Petersilie, Schnittlauch, Majoran, Thymian, Rosmarin, Salbei;
Mineralwässer ohne Kohlensäure.
3. Nahrungsmittel im Säure-Basen-Gleichgewicht
Wasser;
naturbelassene Fette und Öle, Butter, frische Walnüsse;
Kombinationen der ersten und zweiten Gruppe.
(Zusammenstellung aus Dr. *Rauch/Peter Mayr,*
Milde Ableitungsdiät, nach F. Haug Verlag)

ERNÄHRUNGSMERKBLATT

ZUR SÄURE-BASEN-WERTIGKEIT DER NAHRUNGSMITTEL

ERLAUBT	ERLAUBT	BEDINGT ERLAUBT, BZW. VERBOTEN
80% der Nahrungsmittel sollten		**maximal 20% dürfen**
Basisch	**Neutral**	**Sauer, bzw. säuernd sein**
Kartoffeln	**Nüsse (frisch)**	**Fleisch und Wurst**
Obst (süß, kleine Mengen)		**Fisch, Eier**
Gemüse	**grüne Bohnen,**	**Käse, Quark**
(außer Spargel,Rosenkohl)	**(mit Schale)**	
Zwiebeln		**Innereien**
Knoblauch	**frische Butter**	**Röstprodukte (gebraten, gegrillt, geröstet)**
rohe Milch, Sahne	**kalt gepreßte Öle**	**Erdnüsse**
Sojabohnenprodukte	**gutes Trinkwasser**	**Weißzucker, brauner Zucker**
Eidotter		**Weißmehl (Auszugsmehl = Ausschußmehl)**
Mineralwasser	**Hirse**	**Kaffee**
(stille Sorten)		**Schokolade**
Kräutertees	**weiße Mandeln**	**kohlensäurehaltige Getränke**
		alkoholische Getränke
		säuernde Tees (Hibiscus, saure Malve)

d) Darmreinigungs- und Fastenkuren

Aufgrund der positiven Erfahrungen aus der täglichen Praxis und aus Fastenkursen soll ein *kurzer Fastenvorschlag* gemacht werden, der als „Schnupperkurs“ bezeichnet werden kann. Aber auch dieser Vorschlag, so banal er für Fastenerfahrene klingen mag, kann seine Tücken haben. Der erstmalig Fastende wird seinen Körper erleben, wie er ihn noch nie erlebt hat — nur, weil er freiwillig fastet! (Fastenmerkblatt)

Auch eine *Motivation aus religiösen Gründen* ist zu befürworten (Merkblatt Fastenzeit — Heilungszeit).

Als *Mayr*-Arzt zeige ich auch eine *Vorkur im Sinne F. X. Mayr* auf. Hier ist das entscheidende Moment das Weglassen der Abendmahlzeit. Dies ist bereits eine einschneidende Maßnahme, ein Verlassen ausgetretener Pfade!

Nach einer Fastenkur können die Blutbefunde gleich geblieben sein, wenn hoch genug gepuffert wurde, aber in den Geweben wurden erhebliche Mengen an Stoffwechselschlacken ausgeleitet.

Zusammenfassendes Ergebnis von Diäten und Kuren:

Es kommt immer zu einer Säureverschiebung, auch bei einer Mayr-Kur, deshalb ist die bewußte Pufferung für den Kurerfolg entscheidend wichtig! Das Gleichgewicht zwischen Blut und Geweben ist meßtechnisch nicht zu erfassen, es ist aus dem Gesundungsverlauf jedoch humoralpathologisch abzuleiten.

Es muß deshalb unterschieden werden zwischen:
1. stoffwechselreinigenden,
2. stoffwechselneutralen und
3. stoffwechselbelastenden Diäten und Kuren.

Rauch hat in seinem Buch „Darmreinigung“ Gesundheitsregeln, die *„3 S“ nach Mayr* herausgestellt:
Schonung — Säuberung — Schulung

Schonung heißt, durch eine Fastenkur oder sonstige Intensivdiäten, wie Milchdiät nach *Mayr,* den Darm vorübergehend zu schonen, damit er sich regenerieren kann, aber auch zu beliebigen Tagen zu schonen, indem zum Beispiel keine Abendmahlzeit eingenommen wird.

Säuberung heißt, eine isotonische Bittersalzlösung morgens nüchtern zu trinken, damit der Darm von dieser Lösung durchspült wird und es zur Anregung der Selbstreinigung kommt.

Schulung heißt, zu einem vernünftigen Eßritual zurückzufinden, insbesondere gründlichst zu kauen und langsam zu essen.

Zu diesen „3 S“ möchte ich ein *viertes „S“* hinzustellen:
Säureausleitung

Es soll bewußt daraufhin gearbeitet werden, dem Körper Basenstoffe zuzuführen, um vorhandene Säuren zu puffern, damit aus dem Körper auszuleiten und die Basenvorräte im Körper wieder genügend auffüllen zu können.

In diesem Zusammenhang möchte ich die *Besonderheit der F. X. Mayr-Kur* unter der Vielzahl der gepriesenen Kuren herausstellen. Eine *Mayr*-Kur reicht vom Teefasten, über die Milch-Semmel-Diät — mit und ohne Zulagen, bis hin zur milden Ableitungsdiät. Sie ist keine Standardkur, die für jeden passen soll, vielmehr wird aufgrund der ärztlichen Untersuchung für jeden Patienten das individuell passende Programm festgelegt! Dadurch erklären sich die besonderen Erfolge dieser Kur!

Winkler konnte in seiner Arbeit [54] „Regenerations- und Funktionsverbesserungen von Zellen durch ärztlich kontrolliertes Fasten“ den *wissenschaftlichen Nachweis für die Wirksamkeit der F. X. Mayr-Kur* erbringen.

In dieser Arbeit wurden anhand der Abnahme von biogenen Aminen folgende Wirkungen abgeleitet:
1. Entlastung des Eiweißstoffwechsels,
2. Normalisierung von Stoffwechselparametern (Cholesterin, Gesamteiweiß, Spermidine),
3. Senkung des Körpergewichts,
4. Verlangsamung des Alterungsprozesses von Zellen,
5. Positive Beeinflussung des Immunsystems im Darm.

MERKBLATT FASTENKUR

Allgemeines

Fasten ist eine freiwillige, zeitlich begrenzte Nahrungsenthaltung, die es schon immer gab. Seit Jahrtausenden wird aus zweierlei Gründen gefastet: aus religiösen Gründen oder zur Heilung von akuten und chronischen Krankheiten. Von Tieren ist bekannt, daß sie sich bei Krankheiten zurückziehen, und jegliche Nahrung verweigern. Auch Kinder haben noch den natürlichen Instinkt, bei fieberhaften Krankheiten keine Nahrung aufnehmen zu wollen, und sind vernünftiger als die Mütter, die dann eine Nahrung aufzwingen wollen.

Fasten hat sich bei folgenden Krankheiten bewährt:

Bluthochdruck, koronare Herzkrankheit, Erwachsenen-Diabetes, Gicht, schmerzhafte Reizzustände der Gelenke, Übergewicht, Oberbaucherkrankungen (Galle, Magen- und Bauchspeicheldrüsenreizungen), chronische Darmleiden, akute Infekte infolge Schwächung der Abwehr, allergische Erkrankungen.

Um ins Fasten hineinzukommen, schlage ich eine Kurform für 1, 2, 3 oder mehrere Tage vor, die jeder mit etwas Überwindung durchführen kann.

Vorschlag für Ablauf:

Morgens 2 TL F. X. Passagesalz langsam mit 1/4 l lauwarmen Wasser übergießen, oder 1 TL Bittersalz in gleiche Wassermenge einrühren, und nüchtern trinken.

Morgens, mittags, und abends 1 Glas Gemüsesaft schluckweise trinken, noch besser mit einem kleinen Löffel langsam einlöffeln. Dazu auch morgens 2—3 TL KANNE-Fermentgetreide in Wasser gelöst oder in Joghurt eingerührt.

Zwischendurch viel Wasser und Tee, (2—3 Liter am Tag!), z. B. Grüner-Hafer-Tee, oder Kräutermischungen, keine Früchtetees, vormittags Gemüsebrühe (Fertigpräparate oder selbst zubereiten) trinken.

Vormittags und abends entweder 1 TL Alkala, oder 3 Tbl. Kaiser-Natron oder 3 TL Basica in Wasser auflösen und trinken!

In diesen Tagen nichts besonderes vornehmen, bei Schwäche Ruhepause einlegen.

Viel gesundheitlichen Erfolg!

FASTENZEIT – HEILUNGSZEIT

Gemeinsam im Glauben Fasten!

„Fasten“ - was ist das eigentlich?

- im strengen Sinne: nichts essen für 7–14–21–40 Tage, nur trinken, Kräutertees, Gemüsebrühe, und viel Wasser
- im kirchlichen Sprachgebrauch: eine einmalige Sättigung am Tag, zu den anderen Tischzeiten eine kleine Stärkung
- im erweiterten Sinn: Verzicht = Abstinenz von Verschiedenem

Wichtig: Freiwilligkeit!!!

MERKSÄTZE

- Faste, wenn Du keinen Hunger hast!
- Faste, wenn Du keine Zeit zu ruhigem Essen hast!
- Faste, wenn Du überfordert oder übermüdet bist!
- Faste, wenn Du krank bist!

VERZICHT = ABSTINENZ

Wenn strengeres Fasten aus verschiedenen Gründen nicht möglich ist, dann auf jeden Fall spürbarer Verzicht auf:

- Alkohol, Zucker (Süßigkeiten, Schokolade und ähnliches)
- Genußmittel: Bohnenkaffee, schwarzer Tee
- **Rauchen Einstellen:** Rauchen in Gegenwart eines Nichtrauchers, besonders eines Kindes, ist Mißachtung der Nächstenliebe!

ANREGUNGEN ZUR INNEREN UND ÄUSSEREN KÖRPERREINIGUNG

- morgens nüchtern 1/4 lauwarmes Wasser trinken
- morgens und abends Trockenbürsten des ganzen Körpers, dann heiß und kalt duschen, mit trockenem Tuch intensiv warmreiben
- wenn möglich auch Sauna oder Dampfbad besuchen

REZEPT FÜR „WALDKIRCHNER FASTENSUPPE“

Zutaten für 4 Personen:

100 g rohe Kartoffeln, 200 g Karotten, 100 g Sellerie, 100 g Lauch, 1,5 Liter Wasser, Majoran, Kümmel, Thymian, Meersalz, 3 EL Sauerrahm, 2 TL Kräuter (Petersilie, Schnittlauch)

Zubereitung:

Wurzelwerk waschen und in größere Stücke schneiden; geschälte Kartoffeln würfeln, zum Wurzelwerk geben und mit Wasser auffüllen, leicht kochen lassen. Kochzeit ca. 20 Minuten. 10 Minuten vor dem Garwerden Majoran, Kümmel und evtl. Meersalz zugeben. Mit Mixer oder durch Sieb passieren; frischgehackte Kräuter darüberstreuen.

Eßweise:

Mit kleinem Löffel essen, jeden Bissen einspeicheln, Beilage altbackenes Roggenbrot.

MERKBLATT

(nach Dr. *Rauch*)

für eine milde Darmreinigungskur im Sinn von Dr. F. X. *Mayr*

1. Täglich morgens nüchtern 1/4 l lauwarmes Wasser mit 1 Teelöffel Bittersalz
2. nach frühestens 1/2 Stunde leichtes Frühstück
3. Nach rund 5 Stunden Mittagessen: leichte Kost
4. Abends: nur Melissen-, Fenchel-, Gänsefingerkraut-, Lindenblüten-, Salbeitee mit 1 Teelöffel Honig/Tasse löffelweise zu sich nehmen!
5. Beim Essen größte Konzentration auf Kauen und Einspeicheln! Jeden Bissen mindestens 50 mal Kauen! Zählen! Je besser gekaut und eingespeichelt wird, um so schneller kommt die Gencsung!
6. Bei Durst-, Hunger-, Leergefühl, Übelkeit, aber auch sonst täglich Trinken von obigem Kräutertee oder Wasser. Trinkmenge 2—3 Liter am Tag!
7. Nach Möglichkeit vor dem Mittagessen Erholungspause oder Niederlegen für 1/2 Stunde mit Wärmflaschenwickel auf den Bauch.
8. Morgens und abends Trockenbürsten des ganzen Körpers (1 min) danach heiß und kalt duschen, dann mit trockenem Tuch intensiv warmreiben. Kaltduschen so: erst einatmen, dann ausatmen und gleichzeitig kalten Strahl erst auf re. Bein, dann li. Bein, dann re. Arm, li. Arm, zuletzt Brust und Rücken.

9. Abends möglichst früh schlafengehen, spätestens 22 Uhr, mit Wärmflaschenwickel auf den Bauch.
10. **Verboten: Bohnenkaffee! Zucker!** (Süßigkeiten, Schokolade, Kuchen) **Obst!** (auch Kompott und Fruchtsäfte) **Alkohol! Fettes und schwerverdauliches Essen! Nikotin! Medikamente** außer biologischen Medikamenten)
11. *Merksätze für richtiges Essen:*
    - Nimm dir genügend Zeit! Mindestens 1/2 Stunde.
    - Richte alle Speisen appetittlich an!
    - Iß langsam, in Behaglichkeit und Muse!
    - Nimm nur kleine Bissen in den Mund!
    - Sorgfältig Kauen und Einspeicheln!
    - Genieße jeden Bissen ausschmeckend!
    - Wende deine Aufmerksamkeit allein dem Essen zu!
    - Sorge für ein kaufähiges Gebiß, ein passendes künstliches ist schlechten eigenen Zähnen überlegen!

e) Säure-Basen-Haushalt und milchsaure Lebensmittel

Nach dem bisher aufgezeigten ist also ideal, was einen basischen pH-Wert aufweist. Hier ist jedoch ein wichtiger Hinweis angebracht: Es muß unbedingt die biochemische Verarbeitung beachtet werden.

Die Bedeutung der milchsauren Lebensmittel erklärt *Matzkies* [21] so: „Durch die Zufuhr von Säure kommt es keineswegs immer zu einer Säurebelastung des Organismus. Fruchtsäuren und auch Lactat werden im Stoffwechsel oxydiert. Dabei wirken diese Säuren alkalisierend, da das Anion unter Mitnahme eines Protons verbrennt. Die guten diätetischen Eigenschaften von Obstsäften sind möglicherweise auf diese alkalisierende Wirkung zurückzuführen."

Diese *alkalisierende Wirkung* wird auf jeden Fall auch eine Dosisfrage sein, da ein Zuviel an Obstsäften wiederum im Darm ein Übermaß an Gärung hervorrufen wird.

Auf die Pufferung durch den BrotTrunk® wurde hingewiesen. Bei diesem Getränk hat *Förster* [in 56] feststellen können, daß sich der Säure-Basen-Haushalt des Gesunden nicht verändert.

Die Milchsäure in diesem Getränk hat äußerlich eine Desinfektionswirkung, bietet einen natürlichen Schutz gegen Infektionen der Mundhöhle, fördert die Heilung akuter Dysenterie. Die Milchsäure kann auch eine Säurestarre über eine Leberaktivierung aufbrechen. Auch der Herzmuskel braucht die Milchsäure als eigentlichen Energiespender, zugleich ist jedoch eine ausreichende Sauerstoffversorgung zur biochemischen Umsetzung notwendig.

Ein pathologischer Mangel an Milchsäure liegt vor bei coronarer Herzkrankheit, Asthma cardiale, Angina pectoris, Alkohol- und Nikotinmißbrauch, Infektionen, Bluthochdruck.

3. Pharmakologische Wertung des Natriumhydrogencarbonats

Einem Kollegen war bei der Rezeptur des Basenpulvers nach *Sander* ein Mißgeschick passiert, und es kam dadurch zu einer relativen Nebenwirkung. Über das Bundesgesundheitsamt bekam er dann die Stellungnahme eines Pharmakologen. Diese soll zunächst zitiert werden.

„Stellungnahme zu Calciumcarbonat und Natriumhydrogencarbonat als Antazida:

Natriumhydrogencarbonat ist ein resorbierbares Antazidum und wird aus diesem Grund (Gefahr der metabolischen Alkalose) sowie wegen der unangenehmen Kohlendioxidenentwicklung im Magen heutzutage nicht mehr verwendet. Besonders ungünstig wirkt sich die hier vorliegende gleichzeitige Gabe von Natriumhydrogencarbonat und Calciumcarbonat aus. In der gewählten Dosierung ist mit dem Auftreten des *Milch-Alkali-Syndroms* zu rechnen, das bereits im Zusammenhang mit der sogenannten *Sippy-Kur* (1912) beobachtet wurde *(Orwoll* 1982). Gleichzeitige Zufuhr von Calciumionen und resorbierbaren Antazida führt zu Hyperkalzämie und Alkalose. Die Alkalose beim Milch-Alkali-Syndrom ist Folge der gleichzeitigen Hyperkalzämie, die die renale Bicarbonatausscheidung hemmt (verringertes Glomerunfiltrat, Volumenmangel durch erhöhte Na-Ausscheidung, verringerte Parathormonausschüttung). Andererseits hemmt Alkalose die renale Ausscheidung von Calciumionen, so daß die Hyperkalzämie begünstigt wird (Circulus vitiosus). Über einen renalen Effekt sowie über die verringerte Ausscheidung von Parathormon kommt es zusätzlich zu Hyperphosphatämie, die im vorliegenden Fall durch die gleichzeitige Gabe des Natriummonohydrogenphosphat-Dodecahydrats noch verstärkt werden dürfte. Hyperkalzämie, Alkalose und Hyperphosphatämie führen zur Nephrokalzinose und damit zur Niereninsuffiezienz."

Aus unserer Erfahrung kann folgendes dagegen gesagt werden: Natriumhydrogencarbonat wird deshalb verwendet, weil es ein resorbierbares Antazidum ist. Es kann sicher nach der klassischen Definintion vorübergehend eine metabolische Alkalose auftreten, also eine reine pH-Verschiebung über 7,5 hinaus, entscheidend ist aber, daß es zur Pufferauffüllung kommt, und dazu bedarf es im Routinefall enormer Mengen an Natriumbicarbonat, um die Vollblut- und Plasmakapazität in basische Bereiche zu führen. Die *Gefahr der echten metabolischen Alkalose besteht also nicht.* Zur Kohlendioxidentwicklung im Magen ist so zu sagen, daß viele Patienten sowieso ein Aufstoßen haben, oder das Gefühl der Besserung hätten, wenn sie bei vollem Bauch aufstoßen könnten, und dies wird eben therapeutisch erreicht!

Die Kombination von Natriumbicarbonat und Calciumcarbonat ist nicht ungünstig. Hier ist der Extremfall einer möglichen Komplikation in Form des Milch-Alkali-Syndroms herausgegriffen worden. Außerdem bezieht sich die Sippy-Kur auf das Jahr 1912, und leider sind die Menschen von heute im Säuren-Basen-Haushalt nicht mehr mit denen aus dem Jahr 1912 zu vergleichen.

Die *Sippy-Kur ist eine reine Milch-Kur* [41], die sich zu dieser Zeit bei Magengeschwüren bewährte. Über mehrere Wochen wurde eine Mischung aus 1/2—1 l Milch und 1/2—1 l Rahm in kleinen Portionen über den Tag verteilt eingenommen [33]. Davor hatte schon der russische Arzt Karell bei Kreislaufkranken eine Milchkur verordnet, dabei wurden 5 Portionen Milch zu 100 ml gegeben, zusätzlich 1 Ei und 2 Stück Zwieback. Diese Kurformen werden aber in dieser Form heute nicht mehr praktiziert, und deshalb ist die mögliche Gefahr darauf nicht mehr gegeben.

4. Azidosetherapie im Preisvergleich

In der Zeit des Gesundheitsreformgesetzes und der gesamten Sparmaßnahmen muß es auch gestattet sein, über vergleichende Therapiekosten zu sprechen.

Allein aus der Umstellung der Ernährung wird sich schon manches einsparen lassen, da eine Abkehr vom üppigen Essen erfolgen und so mancher Gaumenkitzel sich als nicht mehr notwendig erweisen wird.

Ein Kilogramm der genannten Basenmischung wird ca. 80 DM kosten, ein Gramm kostet dann 8 Pfennige. 1 Packung Natrontabletten kostet 2,90 -3,20 DM, 1 Tablette = 1 Gramm Natriumbicarbonat also 3 Pfennige. Die genannten Basofer forte Dragees für die Magentherapie kosten 100 Stück 23,50 DM, 1 Dragee also 0,235 DM, bei einer Empfehlung von 6 Stück = 1,41 DM Tagestherapiekosten.

Vergleichend kostet 1 Tablette des H2-Blockers Ranitidin 300 mg 6,10 DM an Tagestherapiekosten.

Es steht also der Vergleich der symptomatischen Therapie mit 6,10 DM und der kausalen Therapie im Säure-Basen-Haushalt mit 1,41 DM Tageskosten im Raum: Der Leser mag sich darüber selbst Gedanken machen. Es ist hier wieder einmal der Beweis geführt worden, daß nicht die teuersten Medikamente die Besten sein müssen! Sicherlich wird hier sofort entgegengehalten, daß dadurch die heute so hochgepriesene Compliance leiden wird, wenn statt 1 Tablette am Tag 6 Tabletten eingenommen werden müssen. Aus meiner Erfahrung wird nach einem ausführlichen Gespräch der einsichtige Patient diese Therapie jedoch gerne annehmen!

Neben der Preisgünstigkeit der Azidosetherapie besteht also der unschätzbare Vorteil, daß eine echte kausale Therapie geleistet wird. Es wird nicht nur ein Krankheitssymptom beseitigt, sondern ein Krankheitsgeschehen an der Wurzel bekämpft. Und dies gilt für jede Zelle im menschlichen Körper. Sicher, Krankheiten können auch noch durch andere Ursachen als Übersäuerung entstehen, aber der Krankheitsverlauf wird harmonischer und die Genesungszeit kürzer sein.

Zu den H2-Blockern ist aus unserer Sicht folgendes anzumerken: Diese Säureblocker sind gewiß eine Pionierleistung. Sie sind sicher gut in der Erstbehandlung von akuten Krankheitszuständen, um schnell zu einer Linderung zu kommen, aber sie gehen völlig am Problem der Magenerkrankung vorbei. Denn neben der Salzsäureproduktion ist es eben die Bicarbonatproduktion, die die Belegzellen erfüllen müssen, um die basenliebenden Organe entsprechend versorgen zu können. Aus ganzheitlicher Schau und im Lichte des Säure-Basen-Haushalts ist deshalb bis auf ganz wenige Ausnahmen die Therapie von Magenerkrankungen mit Säureblockern als kostenintensiver therapeutischer Unsinn zu bezeichnen.

Zusammenfassung

Zusammenfassend haben die Messungen des Säure-Basen-Status in der Praxis folgende Ergebnisse gezeigt.

1. Bei der überwiegenden Zahl der chronisch Kranken besteht eine Verschiebung des Säure-Basen-Haushalts zur sauren Seite hin.
2. Bei allen chronischen Krankheiten, bei denen eine Säurebelastung festzustellen ist, kann eine gezielte Therapie zur Verbesserung der Gesamt- bzw. Lokalazidose die Prognose nachweisbar verbessern.
3. Die besonders wichtige intrazelluläre Azidose muß immer zweigleisig therapiert werden: a) mit Basenzufuhr, b) mit Mineralsubstitution. Zusätzlich wichtig ist die Ernährungsumstellung und Änderung der Lebensweise.
4. Krebspatienten sind nicht alkalisch, sie können im reinen pH-Wert in Richtung Alkalose liegen, sie sind aber in ihrem Pufferverhalten mittelgradig bis stark sauer und sterben letzten Endes den Säuretod.
5. Schmerzen, sowohl bei Krebspatienten, wie auch bei anderen chronischen Krankheiten lassen sich durch Entsäuerung sehr gut lindern. Bei rechtzeitiger Entsäuerung können Krebspatienten ihr Leben verlängern und wenigstens einen harmonischen Abschluß ihres Lebens erreichen.
6. Die gezielte Basentherapie kann
   a) peroral,
   b) intravenös oder als Infusion,
   c) intraarteriell erfolgen.
7. Die Ernährungsweise ist zur Aufrechterhaltung des Säure-Basen-Gleichgewichts von ausschlaggebender Bedeutung. Der heutige Mensch sollte die angeführten Kardinalfehler der Ernährungsweise meiden, und sich mehr einer lactovegetabilen Ernährung zuwenden.
8. Die Lebensweise ist zu ändern, insbesondere Abkehr von der Bewegungsarmut, vermehrt natürliche Bewegung, Wandern, Sport.
9. Ein Säure-Basen-Bewußtsein ist die beste Gesundheitsvorsorge.
10. Auch die seelische Therapie in Form von positivem Denken und von Autosuggestion ist eine starke Waffe im Kampf um einen guten Säure-Basen-Haushalt.

Literatur

[1] *Bircher-Rey, H.:* Wie ernähre ich mich richtig im Säure-Basen-Gleichgewicht. 9. Aufl. Humata Verlag.

[2] *Collier, R.:* Der Säure-Basen-Haushalt — ein Basisgeschehen im Organismus. Sanum Post 7 (1989).

[3] *Ellmau, H.:* Bioelektronik nach Vincent und Säure-Basen-Haushalt in Theorie und Praxis. Karl F. Haug Verlag. Heidelberg 1985.

[4] *Friebel, G., Hoffmann, K.:* Nahrung für deine Seele. Laredo Verlag.

[5] *Fritzsche, I., Fritzsche, W.:* Grundlagen des Saunabades. Verlagsgesellschaft Janßen. Steinhagen 1980.

[6] *Glaesel, K.:* Heilung ohne Wunder und Nebenwirkungen. Labor Glaesel. Konstanz 1986.

[7] *Heilmeyer, L.:* Innere Medizin, 3. Aufl. Springer Verlag.

[8] *Jörgensen, H. H.:* Säure-Basen-Haushalt — Ein praxisnahes Meßverfahren zur Bestimmung der Pufferkapazität. EHK 5 (1985).

[9] *Jörgensen, H. H.:* Zur Klärung einer medizinischen Grundfrage. In: Sanum Post 7 (1989).

[10] *Juchheim, J. K., Poschet, J.:* Immun. BLV Verlagsgesellschaft. 1988.

[11] *Kaji, H.* et al: Syndrome d'auto-brasserie — crises iteratives d'empoisonnement par alcool dues a la croissance excessive de Candida (albicans) dans le tube digestif. Materia Medica Polona, Fasc. 4 (29) 1976.

[12] *Kern, B.:* Der Weiße-Pest-Mythos am Ende. HP-Heilkunde 5 (1983).

[13] *—:* Verhütung von Schlaganfällen durch Entsäuerung. Arzt für Naturheilverfahren 2 (1984).

[14] *—:* Allgemeine Bedeutung des Säure-Basen-Gleichgewichts. Vortrag zum Sanum-Therapie-Seminar. Hannover 19. 4. 86.

[15] *Koch F.:* Saure Nahrung macht krank. Frech Verlag. Stuttgart 1988.

[16] *Koerber, Männle, Leitzmann:* Vollwert-Ernährung. 6. Aufl., 3. Nachdruck. Karl F. Haug Verlag. Heidelberg 1991.

[17] *Krück, F.:* Störungen des Säure-Basen-Haushaltes. In: Innere Medizin in Praxis und Klinik. 2. Aufl. Thieme Verlag.

[18] *Kuhl, J.:* Arznei- und Ernährungsbehandlung gutartiger und bösartiger Geschwülste. 12. Aufl. Humata Verlag.

[19] *Leibold, G.:* Bio-Medizin. Falken Verlag. 1983.

[20] *zur Linden, V., zur Linden, H.:* Immunsystem natürlich stärken. Gräfe und Unzer. 1988.

[21] *Matzkies, F., Jürgens, O.:* Wirkung eines lactathaltigen Getränkes aus fermentierten Getreiden auf den Stoffwechsel des Menschen. Z. Ernährungswiss. 26 (1987) 268—275.

[22] *Mayr. F. X.:* Die verhängnisvollste Frage. Schriftenreihe Neues Leben. Drei Eichen Verlag. München 1951.

[23] *—:* Fundamente zur Diagnostik der Verdauungskrankheiten. Turm Verlag. 1974.

[24] *—:* Schönheit und Verdauung. 5. Aufl. Verlag Neues Leben. 1975.

[25] *—:* Darmträgheit, ihre radikale Behandlung. 6. Aufl. Verlag Neues Leben. 1977.

[26] *Notelovitz, M., Ware, M.:* Aufrecht bis ins hohe Alter. 11. Aufl. Goldmann.

[27] *Pfeiffer, C.:* Nährstoff-Therapie bei psychischen Störungen. 3. Aufl. Karl F. Haug Verlag. Heidelberg 1990.

[28] *Pischinger, A.:* Das System der Grundregulation. 8. Aufl. Karl F. Haug Verlag. Heidelberg 1990.

[29] *Oetinger-Papendorf, I.:* Durch Entsäuerung zu seelischer und körperlicher Gesundheit. 6. Aufl. Selbstverlag.

[30] *Rauch, E.:* Die Darmreinigung nach Dr. med. F. X. MAYR. 38., verb. Aufl. Karl F. Haug Verlag. Heidelberg 1990.

[31] *—:* Blut- und Säftereinigung. 19. Aufl. Karl F. Haug Verlag. Heidelberg 1991.

[32] —: Diagnostik nach F. X. MAYR. 7. Aufl. Karl F. Haug Verlag. Heidelberg 1990.
[33] —: Mayr, P.: Milde Ableitungsdiät. 11. Aufl. Karl F. Haug Verlag. Heidelberg 1990.
[34] *Reckeweg, H.-H.:* Homotoxikologie. 3. Aufl. Aurelia Verlag.
[35] *Rein-Schneider:* Physiologie des Menschen. 15. Aufl. Springer Verlag.
[36] *Rieth, H.:* Mykosen — Anti-Pilz-Diät. notamed. Melsungen 1988.
[37] *Rohlffs, K., Rodrian, J., Pirlet, K.:* Intestinale Autointoxikation und Kanzerogenese, Münch. med. Wschr., 118 (1976).
[38] *Sander, F.:* Der Säure-Basen-Haushalt des menschlichen Organismus. 2. Aufl. Hippokrates Verlag.
[39] Sanum-Therapie 1988. 6. Auflage. Wissenschaftliche Veröffentlichung der Firma Sanum.
[40] *Schliephake, E.:* Krebs und natürliche Abwehrkräfte. Verlag für Medizin Dr. Ewald Fischer. Heidelberg 1986.
[41] *Schmidsberger:* Das Handbuch der Naturheilkunde. Kindler Verlag. 1975.
[42] *Schöttl, W.:* Der Säure-Basen-Haushalt und die Zahnheilkunde. In.: Sanum Post 7 (1989).
[43] *Schwarz, K.:* Über penetrierende Magen- und Jejunalgeschwüre. In: Brun's Beiträge für Klinische Chirurgie, 67 (1910) 96—128.
[44] *Seeger, P. G.:* Leitfaden für Krebsleidende. 2. Aufl. Verlag Mehr Wissen. 1983.
[45] —: Wolf, D.: Biologische Krebsbekämpfung. Verlag für Medizin Dr. Ewald Fischer. Heidelberg 1985.
[46] Bericht über XI. Winterthurer Fortbildungskurs über Elektrolyte vom 1. 6. 1989. Selecta 14 (1990).
[47] *Siegenthaler, W.:* Klinische Pathophysiologie. Thieme. 1970.
[48] *Szilvay de, G.:* Grundlagenforschung über Krebs und Leukämie. Semmelweis Verlag. Hoya 1981.
[49] *Waerland, A.:* Der Schlüssel zur Gesundheit liegt im Darm. 9. Aufl. Humata Verlag.
[50] —: Übersäuerung als Grundursache der Krankheiten. 11. Aufl. Humata Verlag.
[51] *Walb L., Heintze, Th., Heintze, M.:* Die original Haysche Trennkost. 42., erw. Aufl., Karl F. Haug Verlag. Heidelberg 1991.
[52] *Weiss, H.:* Kranker Darm — kranker Körper. 2. verb. Aufl. Karl F. Haug Verlag. Heidelberg 1990.
[53] *Wendt, L.:* Die Eiweißspeicher-Krankheiten. 2. Aufl. Karl F. Haug Verlag. Heidelberg 1987.
[54] *Winkler, M.:* Regenerations- und Funktionsverbesserung von Zellen durch ärztlich kontrolliertes Fasten. EHK 3 (1990).
[55] *Worlitschek, M.:* Parenterale Basenzufuhr bei Übersäuerungszuständen. Vortrag Medizinische Woche Baden-Baden 1985.
[56] —: Milchsäurehaltige Lebensmittel als Heilmittel im Sinne von Hippokrates. EHK 3 (1990).
[57] —: Die Bedeutung des Säure-Basen-Haushalts in der Ganzheitsmedizin. Die Heilkunst 6 (1991) 219—226.
[58] —: Die Bedeutung der Mineralstoffe im Säure-Basen-Gleichgewicht. BIO-NACHRICHTEN 34 (1991) 23—24.
[59] —: Hautkrankheiten im Spiegel der Übersäuerung. NEURODERMITIS 18 (1991) 19—21
[60] —: Die Bedeutung der Colon-Hydro-Therapie in der Ganzheitsmedizin. Die Heilkunst 10 (1991) 371—373.
[61] *Zöbelein, H.:* Die petechiale Saugmassage. Karl F. Haug Verlag. Heidelberg 1984.